An Introduction to the Federal Holidays of the United States of America

アメリカ合衆国の連邦休日を英語で学ぼう

M. Scott Brooks・伊藤孝治　著

杉田米行　編

大学教育出版

まえがき

　本書の目的は、大学等における１学期（15週間）で楽しみながらアメリカに関する知識を身につけ、英語力を高めることです。本書では、アメリカの主要な休日をとりあげ、平易な英語で説明しています。鳥取大学で英語を教えておられるアメリカ人のスコット・ブルックス先生が、本書のために各章約500ワードのエッセイを書き下ろしてくださいました。そして、各章のエッセイを基に、伊藤孝治先生がさまざまな角度から問題を作成してくださいました。厳選暗唱例文も各章にありますので、是非暗唱してください。

　各章では以下の重要文法事項を含む文章を探してください。
　　第１章は、現在完了・過去完了
　　第２章は、後置修飾
　　第３章は、不定詞と動名詞
　　第４章は、受動態
　　第５章は、助動詞
　　第６章は、比較
　　第７章は、関係代名詞
　　第８章は、疑問詞・間接疑問
　　第９章は、まとめ

本書を使って教養と英語力の両方を身につけましょう。

2014年9月

編者・杉田米行

アメリカ合衆国の連邦休日を英語で学ぼう
An Introduction to the Federal Holidays of the United States of America

目　次

まえがき…………………………………………………………………………… i

第1章　Martin Luther King, Jr. Day（マーティン・ルーサー・キングの日）……… 1

第2章　Presidents' Day（大統領の日）…………………………………… 6

第3章　Memorial Day（戦没者追悼の日）………………………………… 13

第4章　Independence Day（独立記念日）………………………………… 18

第5章　Labor Day（労働者の日）…………………………………………… 23

第6章　Columbus Day（コロンブス・デー）……………………………… 28

第7章　Veterans Day（退役軍人の日）…………………………………… 34

第8章　Thanksgiving Day（感謝祭）……………………………………… 39

第9章　Christmas Day（クリスマス）…………………………………… 44

解答・日本語訳………………………………………………………………… 51

あとがき………………………………………………………………………… 88

執筆者紹介……………………………………………………………………… 89

アメリカ合衆国の連邦休日を英語で学ぼう
An Introduction to the Federal Holidays of the United States of America

第1章

Martin Luther King, Jr. Day
（マーティン・ルーサー・キングの日）

Celebration Date: The Third Monday in January : 1月の第3月曜日

1.　Martin Luther King, Jr. Day （commonly called "MLK Day"） has been a federal holiday in the United States since January 20, 1986. In order to make this holiday part of a three-day weekend, under a 1968 law called the Uniform Monday Holiday Act, the U.S. government had decided to schedule this holiday on the third Monday in January so that it would still be close to his birthday. Since its creation, this public holiday has provided Americans an official day to reflect upon the U.S. Civil Rights movement.

2.　Martin Luther King, Jr. was born on January 15, 1929 in Atlanta, Georgia. At the time of his birth, African-Americans throughout the southeastern United States had been suffering from discrimination by European-Americans, in spite of the 1863 Emancipation Proclamation that had brought about the abolition of slavery following the Union forces' victory over the Confederate forces and the end of the U.S. Civil War in 1865. In the years following the end of the Civil War, European-Americans in the former Confederate states had been afraid of granting equal rights to African-Americans. As a result, laws were passed to establish segregation, or the separation of white European-Americans from mixed and black African-Americans （who had also been called "Colored"） at all public places, such as restaurants, public bathrooms, schools, and even on trains, and buses.

3.　Throughout his childhood, Martin Luther King, Jr. had become known as a talented and hard-working student. In fact, he was able to skip both the ninth and twelfth grades and enroll in Morehouse College to study sociology at the age of fifteen. After he had finished his studies at Morehouse College, he studied Divinity and completed his Ph.D. studies in Divinity from Boston University in 1955. During his time as a Baptist Christian minister, he had supported non-violence and called for non-violent resistance as a way to protest the discrimination against African-Americans in the southeastern United States.

4.   Martin Luther King, Jr. became a well-known leader in the Civil Rights movement in 1955 when he helped organize the Montgomery Bus Boycott to protest the arrest of a young African-American lady named Rosa Parks who had refused to give up her seat at the front of the bus where only white European-Americans were legally allowed to sit. The boycott lasted for more than a year and ended when a U.S. District Court ruled to end segregation on all public buses in Montgomery, Alabama. Martin Luther King, Jr. had continued his efforts to end segregation in the United States until, finally, President Lyndon Johnson signed the Civil Rights Act in 1964 and Voting Rights Act in 1965; these two laws abolished segregation and established equal voting rights to all U.S. citizens, respectively.

5.   Even though these two laws ended the legal system of discrimination through segregation, they did not totally abolish racial prejudice among Americans. Martin Luther King, Jr. had not given up working toward the goal of a truly discrimination-free American society when, on April 4, 1968, he was tragically shot and assassinated while standing on the balcony of his hotel room in Memphis, Tennessee. Since his death, there have still been many cases of racial discrimination in the United States. However, the establishment of MLK Day has reminded U.S. citizens of Martin Luther King, Jr.'s dream of peace, harmony, and equality among all Americans. Every year since its establishment as a national holiday, Americans have often organized prayer services, banquets, educational workshops, and community service events to honor the life of this great American leader.

Bibliography

"A Great Leader is Born" *U.S. National Park Service*. U.S. Govt. 01 May 2014. Web. 28 May 2014. ⟨http://www.nps.gov/malu/index.htm⟩.

History.com Staff. "Martin Luther King, Jr." *History.com*. A+E Networks. 2009. Web.13 May 2014. ⟨http://www.history.com/topics/black-history/martin-luther- king-jr⟩.

"Martin Luther King Jr. - Biographical". *Nobelprize.org*. Nobel Media AB 2013. Web. 27 May 2014. ⟨http://www.nobelprize.org/nobel_prizes/peace/laureates/1964/king-bio.html⟩.

"Martin Luther King, Jr. Day of Service" *Corporation for National & Community Service*. U.S. Govt., n.d.Web. 28 May 2014. ⟨http://www.mlkday.gov⟩.

"The Martin Luther King, Jr. Holiday". *The U.S. National Archives and Records Administration*. U.S. Govt., n.d.Web. 27 May 2014. ⟨http://www.archives.gov/eeo/special-observances/#jan⟩.

U.S. Government Printing Office. "Public Law 90-363". *U.S. Government Printing Office*. U.S. Govt. 28 Jun. 1968. Web. 23 May 2014. 〈http://www.gpo.gov/fdsys/pkg/STATUTE-82/pdf/STATUTE-82-Pg250-3.pdf〉.

■ 次の重要単語の意味を書いて下さい。

(1) federal （　　　　　　　　　　）
(2) creation （　　　　　　　　　　）
(3) discrimination （　　　　　　　　　　）
(4) segregation （　　　　　　　　　　）
(5) talented （　　　　　　　　　　）
(6) resistance （　　　　　　　　　　）
(7) refuse （　　　　　　　　　　）
(8) abolish （　　　　　　　　　　）
(9) prejudice （　　　　　　　　　　）
(10) assassinate （　　　　　　　　　　）

■ 次の重要用語の意味とその内容を書いて下さい。

Emancipation Proclamation	日 本 語 訳	（　　　　　　　　　　　　　　　）
	簡単な説明	（　　　　　　　　　　　　　　　）
Rosa Parks	日 本 語 訳	（　　　　　　　　　　　　　　　）
	簡単な説明	（　　　　　　　　　　　　　　　）
Voting Rights Act	日 本 語 訳	（　　　　　　　　　　　　　　　）
	簡単な説明	（　　　　　　　　　　　　　　　）

■ 重要暗唱例文

1. They have been celebrating this holiday since 1986.
   彼らは1986年からずっとこの祝日をお祝いしています。
2. When he was born, African-Americans had been suffering from discrimination.
   彼が生まれた時、アフリカ系アメリカ人は差別を受けていました。
3. Since his childhood, he had been known as a hard-working student.
   子供の頃から、彼は勤勉な学生として知られていました。
4. There have still been many cases of racial discrimination in the United States.
   アメリカには依然として多くの人種差別の事例が存在しています。
5. When he died, he had not given up his hope to be a doctor.
   彼が亡くなった時、彼は医師になるという希望を諦めていませんでした。

■ 次の英文を下線部に注意をして日本語に訳して下さい。

(1) In the years following the end of the Civil War, European-Americans in the former Confederate states had been afraid of granting equal rights to African-Americans.

(2) He had continued his efforts to end segregation in the U.S. until, finally, then-President Johnson signed the Civil Rights Act in 1964 and Voting Rights Act in 1965.

(3) The establishment of MLK Day has reminded U.S. citizens of Martin Luther King, Jr.'s dream of peace, harmony, and equality among all Americans.

■ エッセイの内容に関して、以下の設問に答えて下さい。

(1) 第1段落　マーティン・ルーサー・キングの日はいつから連邦休日ですか。

(2) 第2段落　南北戦争後の南部地域ではどのような法律が制定されましたか。

(3) 第3段落　マーティン・ルーサー・キングはどこで神学を勉強しましたか。

(4) 第4段落　1955年にローザ・パークスはなぜ逮捕されましたか。

(5) 第5段落　マーティン・ルーサー・キングはいつ暗殺されましたか。

次の日本文を英語に訳して下さい。

(1) マーティン・ルーサー・キングは1929年1月15日にジョージア州アトランタで生まれました。

　　　　マーティン・ルーサー・キング　Martin Luther King, Jr

(2) バプテスト派のキリスト教牧師として、彼は非暴力を支持していました。

　　　　バプテスト派　Baptist　　牧師　minister　　非暴力　non-violence

(3) 1955年にマーティン・ルーサー・キングは公民権運動の有名な指導者になりました。

　　　　公民権運動　Civil Rights movement

(4) それぞれこれら2つの法律は、分離を廃止し、すべてのアメリカ市民に平等な投票権を確立しました。

　　　　それぞれ　respectively　　投票権　voting rights

(5) 彼の死以降も、アメリカで依然として多くの人種差別の事例がありました。

第2章

Presidents' Day
（大統領の日）

Celebration Date: The Third Monday in February : 2月の第3月曜日

1. Presidents' Day is a U.S. national holiday widely observed to honor both President George Washington and President Abraham Lincoln. Many people think that since Washington's birthday is February 22nd and Lincoln's birthday is February 12th, the third Monday in February provided a convenient choice to celebrate the monumental lives of both presidents. Even though it is called Presidents' Day, images of these two particularly influential presidents are usually used in public advertisements commemorating this annual holiday.

2. George Washington, a man revered by all U.S. citizens for his brave leadership of the Continental Army during the American Revolutionary War, is likely the best known of the Founding Fathers. He served the people of the newly founded republic for two terms as a president respected for his decisive character. Compared to his life during the American Revolutionary War and as president, little is known of George Washington's early life. He was born on his father's large plantation in Virginia on February 11, 1731 under the old Julian calendar. However, the colonial government of Virginia adopted the Gregorian calendar system in 1752, effectively changing Washington's birthday to February 22, 1732.

3. Although there are many popular fables illustrating how honest, pious, and physically strong he was, most stories in his childhood are believed to have been exaggerated by storytellers. One such story is that Washington once threw a silver dollar across the Potomac River. The average width of the Potomac River is 1,500 feet or 450 meters, and it is difficult to believe how anyone could throw anything across that distance. Yet, this anecdote, though embellished, implies how Washington had already been quite familiar with the Potomac River years before he led the Continental Army to fight against the British in the same area during the Revolutionary War.

4. His father died when young George was only 11 years old; his formal education

ended by the age of 15 and he spent much of his youth helping his widowed mother manage the daily affairs of his family's estate. From the age of 19, he engaged in public service throughout the pre-revolutionary years as a county surveyor, colonial militia leader, and delegate. The Continental Congress named him Commander-in-Chief of the Continental Army in 1775 and he led the pro-independence forces to victory in the Revolutionary War-- formally concluded with the signing of the Treaty of Paris in September of 1783. The U.S. Constitution, ratified in 1788, provided an executive branch of government and an election for the newly created position of president was held. George Washington was unanimously elected and took the oath of office as the first President of the United States on April 30, 1789 in New York at the age of 57. His two terms in office served to establish new standards of executive leadership for future presidents to follow. He continued to advise and guide the development of the U.S. military until his death on December 14, 1799.

5. Abraham Lincoln was born in a humble log cabin in Kentucky on February 12, 1809. He was a man dedicated to self-improvement through independent study as he did not have access to formal education. Accordingly, he taught himself various subjects throughout most of his childhood and eventually studied law. He was raised in Kentucky, Indiana, and Illinois; it was in Illinois that Lincoln first entered politics and served in the Illinois state legislature from 1834–1842. In 1846, he served in the House of Representatives for a single term and was later elected to become President of the United States in 1860.

6. The U.S. Civil War broke out between northern and southern states in 1861. Slavery was the primary issue behind the Civil War as the legislative assemblies of the southern states refused to pass laws that would free the slaves. Therefore, tensions grew between "free states" in the north and "slave states" in the south of the country and 11 southern states ultimately declared their independence from the U.S. and formed a country they called the Confederate States of America, or the Confederacy. The resulting war was extremely devastating to both sides and, realizing that there could be no quick and peaceful end to the war, Abraham Lincoln issued the Emancipation Proclamation in 1863, granting all slaves their freedom. This was an act commonly recorded as both moral and militarily clever (as it would likely inspire slaves to revolt for freedom). After the 1865 Union victory over the Confederate states ended the Civil War and kept the country united, President Abraham Lincoln's life ended in tragedy when he was assassinated by a Confederate extremist's bullet on April 15, 1865.

7. While both presidents served terms that were of tremendous influence to

future generations-- Washington was a leading Revolutionary War leader and Founding Father of the nation, while Lincoln kept the nation together through the Civil War and rightfully ended slavery-- the popular understanding of the origins of Presidents' Day is not entirely accurate, however. Presidents' Day is still legally and officially named Washington's Birthday. The 1968 law that moved many of the U.S. holidays to Monday so that U.S. citizens could enjoy more three-day weekends took effect during President Nixon's term in 1971. Once Washington's Birthday became officially observed on the third Monday of February under the new law, President Nixon took the opportunity to point out to the public that all presidents should be honored on this holiday; so, it has been said, that this is how the holiday already known to so many became popularly known as Presidents' Day. While many businesses take advantage of the three-day weekend to hold a "holiday sale" in hopes of boosting their profits, many people in the U.S. take the opportunity to attend commemorative events at nearby national or state parks. These events may contain public speeches and ceremonies honoring public projects, landmarks, and government policies that are supposed to make the people's lives better.

Bibliography

"Abraham Lincoln". *BBC History.* British Broadcasting Corp., 2014. Web. 23 May 2014.
⟨http://www.bbc.co.uk/history/historic_figures/lincoln_abraham.shtml⟩.

Freidel, Frank and Sidey, Hugh. "Abraham Lincoln". *The Presidents of the United States of America.* White House Historical Association., 2006. Web. 22 May 2014.
⟨http://www.whitehouse.gov/about/presidents/abrahamlincoln⟩.

Freidel, Frank and Sidey, Hugh. "George Washington". *The Presidents of the United States of America.* White House Historical Association., 2006. Web. 22 May 2014.
⟨http://www.whitehouse.gov/about/presidents/georgewashington⟩.

George Washington's Mount Vernon."Biography of George Washington". *George Washington's Mount Vernon.* Mount Vernon Ladies' Association, 2014.Web. 23 May 2014.
⟨http://www.mountvernon.org/georgewashington⟩.

Himiak, Lauren. "Presidents' Day-What Does it Mean?". About.com, 2014. Web. 22 May 2014.
⟨http://usparks.about.com/od/historicalparks/a/Presidents- Day.htm⟩.

History.com Staff. "Presidents' Day". *History.com.* A+E Networks, 2010. Web. 23 May 2014.
⟨http://www.history.com/topics/holidays/presidents-day/⟩.

National Park Service Staff. "Abraham Lincoln: Life Before the Presidency". *National Park Service*. U.S. Govt., 21 May 2014. Web. 23 May 2014.
　　〈http://www.nps. gov/history/logcabin/html/al.html〉.
Potomac River Keeper. "Potomac River Facts". Potomac River Keeper., 2012. Web. 23 May 2014.
　　〈http://www.potomacriverkeeper.org〉.
"Presidents' Day". Encyclopaedia Brittanica., 27 May 2013. Web. 23 May 2014.
　　〈http://global.britannica.com/EBchecked/topic/858470/Presidents-Day〉.
The Center for Legislative Archives. "George Washington's Birthday". *The Center for Legislative Archives*. U.S. Govt., nd. Web. 23 May 2014.
　　〈http://www.archives.gov/legislative/features/washington/〉.
"Why Presidents' Day?". *History in Your Pocket. U.S. Mint*. U.S. Govt., 1999. Web. 22 May 2014.
　　〈http://www.usmint.gov/kids/coinnews/presidentsDay.cfm〉.

■次の重要単語の意味を書いて下さい。
(1) selection　　　(　　　　　　　　　)
(2) adopt　　　　 (　　　　　　　　　)
(3) character　　　(　　　　　　　　　)
(4) distance　　　 (　　　　　　　　　)
(5) delegate　　　 (　　　　　　　　　)
(6) unanimously　 (　　　　　　　　　)
(7) dedicated　　　(　　　　　　　　　)
(8) tension　　　　(　　　　　　　　　)
(9) leading　　　　(　　　　　　　　　)
(10) tremendous　 (　　　　　　　　　)

■次の重要用語の意味とその内容を書いて下さい。
Treaty of Paris　　日 本 語 訳　　(　　　　　　　　　　　　　　　　　　　　　)
　　　　　　　　 簡単な説明　　(　　　　　　　　　　　　　　　　　　　　　)
The Confederacy　日 本 語 訳　　(　　　　　　　　　　　　　　　　　　　　　)
　　　　　　　　 簡単な説明　　(　　　　　　　　　　　　　　　　　　　　　)

■重要暗唱例文
1. She is respected as a leader possessing a decisive character.
　 彼女は果断の性格を持つ指導者として尊敬されています。

2. This holiday is called Presidents' Day.
この休日は大統領の日と呼ばれています。

3. Most Americans involved in the conflict wanted independence.
その争いに関与したほとんどのアメリカ人が独立を望みました。

4. He is a man dedicated to helping others in trouble.
彼は困っている他人を助けることに献身的な人です。

5. The politician received a lot of letters written by her supporters.
その政治家は支援者によって書かれた多くの手紙を受け取りました。

■ 次の英文を下線部に注意をして日本語に訳して下さい。

(1) Presidents' Day is a U.S. national holiday widely observed to honor both President George Washington and President Abraham Lincoln.

(2) He served the people of the newly founded republic for two terms as a president respected for his decisive character.

(3) There are many popular fables illustrating how honest, pious, and physically strong Washington was.

■ エッセイの内容に関して、以下の設問に答えて下さい。

(1) 第2段落　ワシントンの誕生日はユリウス暦でいつでしたか。

(2) 第3段落　ポトマック川の平均的な川幅はどれぐらいですか。

(3) 第4段落　1775年に大陸会議はどのような決定をおこないましたか。

(4) 第6段落　北部の自由州と南部の奴隷州の間で緊張が高まった結果、何が起こりましたか。

(5) 第7段落　2月の第3月曜日にすべての大統領に対して敬意を払うよう主張した人物は誰ですか。

■ 次の日本文を英語に訳して下さい。

(1) そのような話の1つが、ワシントンがかつて銀ドルをポトマック川の対岸に投げたというものです。

　　　　銀ドル　silver dollar　　ポトマック川の対岸に　across the Potomac River

(2) ジョージ・ワシントンが満場一致で選出され、1789年にアメリカ合衆国の初代大統領として就任の宣誓をおこないました。

　　　　選出する　elect　　就任の宣誓をおこなう　take the oath of office

(3) 正式な教育を受けることができなかったため、彼は独学を通じての自己修養に献身的な人でした。

　　　　独学　independent study　　自己修養　self-improvement

(4) エイブラハム・リンカーン大統領の一生は、1865年に南部連合の過激派の凶弾によって暗殺された時、悲劇のうちに終わりました。

　　　過激派　extremist　　南部連合の　Confederate　　凶弾　bullet
　　　悲劇のうちに終わる　end in tragedy

第3章

Memorial Day
（戦没者追悼の日）

Celebration Date: The Last Monday in May：5月の最終月曜日

1.　Memorial Day is a national holiday that has a somber history. Originally called Decoration Day to signify the act of "decorating" the graves of fallen soldiers with small U.S. flags and flowers, this holiday is a day to remember and honor the lives of those U.S. soldiers who died for their country while serving in times of conflict. While it is not totally clear which town or city officially celebrated Memorial Day for the first time, President Lyndon Johnson declared Waterloo, New York to be the official birthplace of this patriotic holiday in his 1966 proclamation establishing May 30th as a national day for Americans to make a "prayer for peace".

2.　It is clear, however, which public official originally established this national holiday. On May 5, 1868, U.S. Army General John Logan issued a written order calling for the establishment of Memorial Day to be observed every year on May 30th. At that time, the day was meant to specifically remember the sacrifices of U.S. service members to keep the country united during the Civil War. Gradually adopted in cities and towns throughout the United States by the end of World War I, the meaning of the holiday grew to honor all U.S. soldiers that died in the nation's wars. Congress finally passed a law to establish Memorial Day as a national holiday in 1971 and set the last Monday in May as the annual date for Americans to remember the lives of fallen U.S. soldiers.

3.　To honor the ultimate sacrifice paid by those serving their country, many communities organize parades, barbeques, and concerts. Holding these events also serves as a way for families and members of local communities to come together. As a result, some Americans might lose focus of the holiday's original meaning to honor the fallen by tending to their graves. Instead, many might see the observance of this holiday as another "three-day weekend" over which they can have a barbeque party or go out of town.

4.　In order to uphold the original meaning of this day, many towns and cities schedule public officials and veterans to make public speeches to reflect on the human cost of the many wars fought by the U.S. military. Congress passed a law establishing a "National Moment of Remembrance" in December 2000 in which Americans across the U.S. could make such a reflection at the same time. This law calls for all Americans to pause and hold one minute of silence at 3 p.m. local time each Memorial Day. This minute of silence is a type of national prayer or meditation that helps ensure the original meaning of this holiday is not lost.

Bibliography

Claybourn, Joshua. "Memorial Day: History". Sons of Union Veterans of the Civil War., 2014. Web. 15 May 2014. 〈http://www.usmemorialday.org〉.

History.com Staff. "Memorial Day". *History.com.* A+E Networks., 2009. Web. 15 May 2014. 〈http://www.history.com/topics/holidays/memorial-day-history〉.

Johnson, Lyndon B. "Proclamation 3727 – Prayer for Peace, Memorial Day, 1966". 26 May 1966. Online by Gerhard Peters and John T. Woolley, *The American Presidency Project.* University of California, Santa Barbara. 〈http://www.presidency.ucsb.edu/ws/?pid=27618〉.

Office of Public and Intergovernmental Affairs Staff. "Memorial Day History". *U.S. Department of Veterans Affairs.* U.S. Govt., 26 March 2014. Web. 17 May 2014. 〈http://www1.va.gov/opa/speceven/memday/history.asp〉.

■ 次の重要単語の意味を書いて下さい。

(1) conflict　　　（　　　　　　　　　）
(2) patriotic　　　（　　　　　　　　　）
(3) birthplace　　（　　　　　　　　　）
(4) sacrifice　　　（　　　　　　　　　）
(5) united　　　（　　　　　　　　　）
(6) gradually　　（　　　　　　　　　）
(7) original　　　（　　　　　　　　　）
(8) grave　　　（　　　　　　　　　）
(9) reflection　　（　　　　　　　　　）
(10) ensure　　　（　　　　　　　　　）

次の重要用語の意味とその内容を書いて下さい。

Decoration Day	日 本 語 訳 （	）
	簡単な説明 （	）
John Logan	日 本 語 訳 （	）
	簡単な説明 （	）
National Moment of Remembrance	日 本 語 訳 （	）
	簡単な説明 （	）

重要暗唱例文

1. Celebrating the national holiday is a patriotic act.
   その国民の休日をお祝いすることは愛国的な行為です。
2. The most important duty for soldiers is to serve their country.
   兵士にとって最も重要な務めは国家に奉仕することです。
3. To honor the fallen soldiers, people usually decorate their graves with flowers.
   命を落とした兵士に敬意を示すために、人々はたいてい彼らのお墓を花で飾ります。
4. Congress passed a law to establish the day as a national holiday.
   議会はその日を国民の休日として制定する法律を可決しました。
5. Holding these events serves as a way for local communities to come together.
   これらの催しをすることは地元のコミュニティが結束するための方法にもなります。

次の英文を下線部に注意をして日本語に訳して下さい。

(1) This holiday is a day <u>to</u> remember and honor the lives of those U.S. soldiers who died for their country while serving in times of conflict.

(2) <u>To</u> honor the ultimate sacrifice paid by those serving their country, many communities organize parades, barbeques, and concerts.

(3) Some Americans might lose focus of the holiday's original meaning to honor the fallen by <u>tending</u> to their graves.

■ エッセイの内容に関して、以下の設問に答えて下さい。

(1) 第1段落　戦没者追悼の日は元々何と呼ばれていましたか。

(2) 第2段落　ジョン・ローガン陸軍大将は何月何日を戦没者追悼の日と決めましたか。

(3) 第3段落　国のために犠牲になった人々のために多くのコミュニティは何をしますか。

(4) 第4段落　アメリカ議会は2000年12月にどのような法律を可決しましたか。

■ 次の日本文を英語に訳して下さい。

(1) リンドン・ジョンソン大統領は、ニューヨーク州のウォータールーをこの愛国的な休日の正式な発祥地と宣言しました。
　　　　　リンドン・ジョンソン　Lyndon Johnson　　ウォータールー　Waterloo

(2) しかしどの公吏が最初にこの国民的休日を制定したのかは明らかです。
　　　　公吏　public official

(3) その休日の意義はアメリカの戦争で命を落としたすべてのアメリカ人兵士に対して敬意を示すことになりました。
　　　　意義　meaning　　敬意を示す　honor

(4) この法律は、毎年戦没者追悼の日の午後3時に立ち止まり、1分間の黙祷をおこなうことをすべてのアメリカ人に要請しています。

　　　立ち止まる　pause　　1分間の黙祷をおこなう　hold one minute of silence

第4章

Independence Day
（独立記念日）

Celebration Date: July 4th：7月4日

1.	Likely the most widely celebrated and festive of all U.S. holidays, July 4th, 1776 marks the birth of the United States as an independent country. In 1607, the first British colony was established at Jamestown, Virginia and signified the origins of the English language spreading to-- what was then called-- the New World. In the years following the founding of the Jamestown colony, the dangerous voyage across the Atlantic Ocean was made by more and more colonizers searching for a new life. By the end of the 17th century, English-speaking colonies had already been established along most of the Atlantic seaboard-- from modern-day Maine to South Carolina.

2.	The coastal colonies were developed and the population grew as increasing numbers of British settlers moved inland. While many equate the July 4th Declaration of Independence with the birth of democratic self-rule, the notion that men could govern themselves by majority vote started with the composition of a document titled the Mayflower Compact in 1620. The Mayflower Compact was named after the ship Mayflower that had transported nearly 100 Pilgrims to "New Plimouth" (now spelled Plymouth) near Cape Cod, Massachusetts, and was signed by the men of the Plymouth colony, as women were not granted the same legal authority as men in those days. In the Mayflower Compact, the legal framework for a democratic system of government was described and granted the men of the colony the right to assemble and make laws as they felt necessary.

3.	The basic right of assembly and the practice of majority-rule influenced the political philosophies of the American colonists. By 1773, the political and economic conditions had become undesirable for many colonial Americans. Many taxes and oppressive restrictions on colonial self-governance were imposed upon the colonists by the British monarchy. On December 16, 1773, a group of political activists called the Sons of Liberty attacked British trade ships anchored in Boston Harbor. Many were disguised as Native Americans as they boarded the trade ships by surprise and threw the ships' cargo full of tea into the harbor as a protest against a high tax on tea. After that incident, a popular motto spread among many American colonists who became tired of the unpopular British rule over the colonies: "No taxation without representation."

4.　　　Relations between colonists and British authorities worsened until April 19, 1775, when fighting broke out between colonial militiamen and the British military at Lexington and Concord, Massachusetts. The Battles of Lexington and Concord only made the British monarchy more determined to exert its absolute authority over the colonies and more oppressive laws were passed over the American colonists. Finally, after many debates, the Continental Congress signed the Declaration of Independence on July 4th, 1776. The allegiance of local colonial authorities to the British monarchy was formally ended after the signing of this document; however, there were many more battles between American colonists and British troops following its signing. These battles became known as the American Revolutionary War and continued until the thirteen American colonies were finally granted full independence at the official signing of the Treaty of Paris in 1784.

5.　　　There is still some uncertainty about the actual date of the signing of the Declaration of Independence. Some have noted that many delegates did not sign the document until weeks after July 4th. Nevertheless, July 4th is the day on which U.S. citizens have historically appreciated their independence and democratic traditions. Towns and cities across the United States celebrate this day by holding parades, local festivals, concerts, and, most common of all, firework displays. It is one of only four holidays on which U.S. citizens observe the holiday on the actual date.

Bibliography

"Declaration of Independence". July 4, 1776. *Online Exhibits: The Charters of Freedom. The U.S. National Archives and Records Administration.* U.S. Govt., n.d. Web. 18 May 2014.
　　　〈http://www.archives.gov/exhibits/charters/declaration_transcript.html〉.

History.com Staff. "July 4th". *History.com.* A+E Networks., 2009. Web. 18 May 2014.
　　　〈http://www.history.com/topics/holidays/july-4th#〉.

Military.com Staff. "The History of Independence Day." *Military.com.* Military Advantage, Inc.,2014. Web. 19 May 2014. 〈http://www.military.com/independence-day〉.

Shenkman, Rick. "Top 5 Myths About the Fourth of July." *History News Network.* George Mason University., 8 July 2003. Web. 19 May 2014. 〈http://hnn.us/article/132〉.

■ 次の重要単語の意味を書いて下さい。

(1) birth　　　　　　　(　　　　　　　　　　)
(2) signify　　　　　　(　　　　　　　　　　)
(3) settler　　　　　　(　　　　　　　　　　)
(4) transport　　　　　(　　　　　　　　　　)
(5) anchor　　　　　　(　　　　　　　　　　)
(6) representation　　　(　　　　　　　　　　)
(7) worsen　　　　　　(　　　　　　　　　　)
(8) absolute　　　　　　(　　　　　　　　　　)
(9) declaration　　　　(　　　　　　　　　　)
(10) tradition　　　　　(　　　　　　　　　　)

■ 次の重要用語の意味とその内容を書いて下さい。

Mayflower　　　　日 本 語 訳　(　　　　　　　　　　　　　　　　　　　　)
　　　　　　　　　簡単な説明　(　　　　　　　　　　　　　　　　　　　　)
Sons of Liberty　　日 本 語 訳　(　　　　　　　　　　　　　　　　　　　　)
　　　　　　　　　簡単な説明　(　　　　　　　　　　　　　　　　　　　　)
Lexington　　　　 日 本 語 訳　(　　　　　　　　　　　　　　　　　　　　)
　　　　　　　　　簡単な説明　(　　　　　　　　　　　　　　　　　　　　)

■ 重要暗唱例文

1. It was established in the early 17th century.
   それは 17 世紀初頭に建設されました。
2. The Declaration of Independence was written by a few American people.
   独立宣言は少数のアメリカ人によって書かれました。
3. Many boats were anchored in Boston.
   多くの船がボストンに停泊していました。
4. He was determined to go to America.
   彼はアメリカに行く決意でした。
5. The colonies were granted full independence in 1784.
   その植民地は 1784 年に完全な独立を与えられました。

第4章 Independence Day（独立記念日） 21

■ 次の英文を下線部に注意をして日本語に訳して下さい。

(1) In the Mayflower Compact, the legal framework for a democratic system of government <u>was described</u>.

(2) Many taxes and oppressive restrictions on colonial self-governance <u>were imposed</u> upon the colonists by the British monarchy.

(3) The allegiance of local colonial authorities to the British monarchy <u>was</u> formally <u>ended</u> after the signing of this document.

■ エッセイの内容に関して、以下の設問に答えて下さい。

(1) 第1段落　イギリスの最初の北米植民地はどこに建設されましたか。

(2) 第2段落　メイフラワー誓約は誰によって署名されましたか。

(3) 第3段落　自由の息子達と呼ばれる政治集団は1773年12月16日に何をしましたか。

(4) 第4段落　レキシントンとコンコードでアメリカ革命戦争が始まったのはいつですか。

(5) 第5段落　多くの代表者はいつ独立宣言書に署名しましたか。

■次の日本文を英語に訳して下さい。

(1) 1607年、バージニアのジェームズタウンに最初のイギリス領植民地が建設されました。

　　　　バージニア　Virginia　　ジェームズタウン　Jamestown

(2) 当時、女性は男性と同じ法的権限を与えられませんでした。

　　　　法的権限　legal authority　　与える　grant

(3) 1773年までに、多くのアメリカ人入植者にとって、政治的および経済的状況は望ましくないものになっていました。

　　　　アメリカ入植者　colonial Americans　　望ましくないもの　undesirable

(4) レキシントンとコンコードで、植民地の民兵とイギリス軍の間で戦闘が勃発しました。

　　　　レキシントン　Lexington　　コンコード　Concord　　民兵　militiamen

(5) 7月4日はアメリカ市民が彼らの独立と民主的伝統に歴史を通じて感謝してきた日です。

　　　　歴史を通じて　historically　　感謝する　appreciate

第5章

Labor Day
（労働者の日）

Celebration Date: The First Monday in September : 9月の第1月曜日

1.　　Labor Day is a national holiday that is often viewed as the last summer holiday for U.S. families to enjoy. However, looking at how this holiday was established can bring on a much more thought-provoking effect. The advent of the Industrial Revolution was able to provide the American public with modern technology and advanced practices in manufacturing to American society, such as the cotton gin and the division of labor, respectively. Yet, there were also many disadvantages to the ever-accelerating pace of daily life in this new Industrial Era.

2.　　One such disadvantage was a decrease in work safety. The introduction of more and more machinery in the workplace meant there was a greater risk of personal injury to the worker. Another disadvantage was the work schedule. In the scramble to be more productive than the competition, business owners believed their workers should endure longer working hours with less and less pay-- many businesses also used child labor as a way to stay competitive. As a result, many workers began to organize and protest these deteriorating working conditions. One such demonstration in Haymarket Square, Chicago, Illinois took place on May 4, 1886 and turned violent. The demonstrators believed factory owners ought to shorten their workday to eight hours and provide better wages. During the demonstration, however, one of the protesters suddenly threw a bomb at the police officers breaking up the protest. Several police and civilians died in the violence and there were dozens of others who were injured.

3.　　This incident brought national attention to the organized labor movement in the U.S. Many Americans were divided in their opinions as many distrusted these labor organizations and believed they should choose different tactics. On the other hand, many Americans sympathized with the workers who were protesting increasingly difficult work conditions and believed workers ought to enjoy better living standards in company towns. Local governments in towns and cities across the U.S. began to pass local laws to establish a holiday so that the government might be able to alleviate the toilsome work schedules of its working class populations. Yet, there were still many cases in which a business would set oppressive schedules with too meager pay.

4.　　In 1894, railroad workers working for the Pullman Company suffered a decrease in wages-- without any decrease in working hours or any reduction in the cost of rent owed for their company housing. In consequence, a national strike was organized and disrupted the national trade to the point where President Grover Cleveland decided that he should send in the U.S. Army to break up the protesters and ensure the undisturbed operation of the national railroad. This military intervention ended with the deaths and injuries of many civilians. President Cleveland and Congress hoped to remedy the political unpopularity over the human casualties that resulted from his use of the U.S. Army to break up the protests; so, Labor Day was formally established as a national holiday on June 28, 1894. While it has practically become viewed as the last summer holiday, many towns and cities organize events where public officials and labor leaders can speak about the accomplishments of the American worker and the necessity of maintaining a fair and honest balance between work and leisure.

Bibliography

History.com Staff. "Haymarket Square Riot". *History.com.* A+E Networks., 2009. Web. 19 May 2014. 〈http://www.history.com/topics/haymarket-riot〉.

"The History of Labor Day". *United States Department of Labor.* U.S. Govt., 2013. Web. 19 May 2014. 〈http://www.dol.gov/laborday/history.htm〉.

Urofsky, Melvin. "Pullman Strike". Encyclopaedia Brittanica., 15 Mar. 2014. Web. 19 May 2014. 〈http://global.britannica.com/EBchecked/topic/483131/Pullman-Strike〉.

■ 次の重要単語の意味を書いて下さい。

(1) advent　　　　　(　　　　　　　)
(2) disadvantage　　(　　　　　　　)
(3) introduction　　 (　　　　　　　)
(4) competition　　 (　　　　　　　)
(5) protest　　　　　(　　　　　　　)
(6) sympathize　　　(　　　　　　　)
(7) oppressive　　　 (　　　　　　　)
(8) suffer　　　　　 (　　　　　　　)

(9) intervention　　　（　　　　　　　　　　　　）
(10) accomplishment　（　　　　　　　　　　　　）

■次の重要用語の意味とその内容を書いて下さい。

Haymarket Square　　日　本　語　訳　（　　　　　　　　　　　　　　　　　　）
　　　　　　　　　　簡単な説明　　（　　　　　　　　　　　　　　　　　　）
Pullman Company　　 日　本　語　訳　（　　　　　　　　　　　　　　　　　　）
　　　　　　　　　　簡単な説明　　（　　　　　　　　　　　　　　　　　　）

■重要暗唱例文

1. Thanks to the new technology, Americans can enjoy a comfortable life.
   その新しい技術のおかげで、アメリカ人は快適な生活を享受することができます。
2. The manager claimed that her workers had to work more diligently.
   その経営者は労働者がもっと勤勉に働かなければならないと主張しました。
3. Citizens believe that the government should have intervened in the demonstration.
   市民は政府がそのデモに介入すべきだったと信じています。
4. He said that he might raise the minimum wage of his employees.
   彼は従業員の最低賃金を上げるかもしれないと言った。
5. When will the labor union organize a protest? This Thursday.
   その労働組合はいつ抗議集会を催しますか。今週の木曜日です。

■次の英文を下線部に注意をして日本語に訳して下さい。

(1) Business owners believed their workers should endure longer working hours with less and less pay.

　

(2) Yet, there were still many cases in which business would set oppressive schedules with too meager pay.

(3) Public officials and labor leaders can speak about the accomplishments of the American worker.

■ エッセイの内容に関して、以下の設問に答えて下さい。
(1) 第1段落　労働者の日はしばしばどのように見なされていますか。

(2) 第2段落　1886年5月4日のヘイマーケット広場でのデモで何が起こりましたか。

(3) 第3段落　労働者階級人口の骨の折れるような作業予定を楽にできるよう、どのような措置がとられましたか。

(4) 第4段落　労働者の日はいつ国民の休日として制定されましたか。

■ 次の日本文を英語に訳して下さい。
(1) 産業革命の到来により、アメリカの大衆は現代的技術を与えられました。
　　　　産業革命　Industrial Revolution　　大衆　public

(2) デモ参加者は工場主が彼らの労働時間を8時間に短縮すべきであると信じていました。
　　　　工場主　factory owners　　短縮する　shorten　　労働時間　workday

(3) 多くのアメリカ人は急速に困難になる労働状況に抗議していた労働者に同情しました。
　　　　同情する　sympathize with　　急速に　increasingly

(4) この軍事介入は多くの市民の死亡と負傷とともに終わりました。
　　　　介入　intervention

第6章

Columbus Day
（コロンブス・デー）

Celebration Date: The Second Monday in October : 10月の第2月曜日

1.　　In elementary schools across the U.S., students are taught certain basic events in American history. One such event was Christopher Columbus' 1492 "discovery" of North America while searching for a shorter and easier water route to Asia from Europe. There is evidence, however, that Viking explorer Leif Erikson discovered North America much earlier than Christopher Columbus. As a result, he is often identified as the first European to discover North America around the year 1,000 AD. He later led an expedition to colonize the continent in an area of modern-day Newfoundland, Canada. The Vikings called the area Vinland and established a small colony; however, their relations with the local Native American tribes were not good and the Vikings eventually abandoned the colony and returned to either Greenland or Iceland. For this reason, the story of Christopher Columbus' voyage to North America in 1492 is much more famous than the story of Leif Erikson.

2.　　Christopher Columbus was born in Genoa, Italy in either 1450 or 1451 and started spending much of his early life on ships from the age of about 15. In 1470, his ship was attacked by French pirates near Portugal but he was able to survive this attack by floating to shore. He decided to live a quieter and safer life in Lisbon, Portugal. It was in Portugal where he studied many subjects such as Latin, Portuguese, mathematics, history, geography, astronomy, and navigation. His studies made him a more confident sailor and influenced his theories about Earth's size.

3.　　By the time Christopher Columbus was born, contact had already been made between the Europeans and peoples of Central and East Asia. There were old trade routes that had already been established but they were long and often dangerous. Christopher Columbus became convinced that he could find a route that was much safer and shorter than the water route around the southern coast of Africa. He believed that one could reach Asia on the other side of the Atlantic Ocean by sailing directly west from Europe. He needed much more money and materials than he could acquire on his own; so, he visited the monarchs of both Portugal and England to secure the support he needed to establish the new sea route to Asia. He was turned away by both monarchs but Columbus did not give up hope.

4.　Finally, Christopher Columbus found King Ferdinand II of Aragon and Queen Isabela I of Castile to be much more open-minded than those he had spoken to before. In 1492, the King and Queen finally loaned him the remainder of the funds he needed, gave him authority to govern over any new territories discovered and keep a percentage of all profits made from his voyage. He left the Canary Islands on September 6, 1492 in three ships called the Nina, Pinta, and Santa Maria. After about five weeks sailing westward over the Atlantic Ocean, he and his crew discovered land on October 12th in what is now the Bahamas. His expedition continued to sail and discover many other islands such as modern-day Cuba, and Hispaniola (the island on which the Dominican Republic and Haiti are located) Unfortunately, there was a major setback on his voyage: the Santa Maria ran aground on Christmas Day and he and the crew of the Santa Maria had to sail back to Spain on the much smaller Nina. As proof of his discovery, Columbus had captured some of the local Native Americans and showed them to the Spanish monarchs and to the very surprised European public-- who, ultimately, respected Columbus more and supported his future expeditions to the New World.

5.　As far back as the 1700s, many local communities in the U.S. celebrated Columbus' successful explorations. Many Italian Americans have proudly pointed out the fact that he was Italian and view the day more as an opportunity to organize parades and festivals celebrating Italian American heritage and Italian Americans' contributions to U.S. society. In 1937, the U.S. government finally made Columbus Day a national holiday. While there is still some controversy as to his mistreatment and enslavement of many Native Americans during his voyages to North America, the greater number of U.S. citizens today still celebrate Columbus Day as the anniversary of the discovery of North America and the origins of European immigration to the New World.

Bibliography

"Christopher Columbus." *Bio*. A&E Television Networks, 2014. Web. 20 May 2014. 〈http://www.biography.com/people/christopher-columbus-9254209#awesm=~oELQ0EHUNtvymo〉.

Connell, William J. "What Columbus Day Really Means". *The American Scholar.* Phi Beta Kappa., 2014. Web. 20 May 2014. 〈http://theamericanscholar.org/what-columbus-day-really-means/#.U3romSib58E〉.

Flint, Valerie J. "Christopher Columbus". Encyclopaedia Britannica., 10 Jan. 2014. Web. 20 May 2014. 〈http://global.britannica.com/EBchecked/topic/127070/ Christopher-Columbus〉.

History.com Staff. "Columbus Day". *History.com.* A+E Networks., 2010. Web. 20 May 2014. 〈http://www.history.com/topics/exploration/columbus-day〉.

■ 次の重要単語の意味を書いて下さい。

(1) discovery　　　（　　　　　　　　　　　）
(2) expedition　　　（　　　　　　　　　　　）
(3) abandon　　　（　　　　　　　　　　　）
(4) voyage　　　（　　　　　　　　　　　）
(5) survive　　　（　　　　　　　　　　　）
(6) convinced　　　（　　　　　　　　　　　）
(7) monarch　　　（　　　　　　　　　　　）
(8) open-minded　　　（　　　　　　　　　　　）
(9) capture　　　（　　　　　　　　　　　）
(10) contribution　　　（　　　　　　　　　　　）

■ 次の重要用語の意味とその内容を書いて下さい。

Leif Erikson　　　日 本 語 訳　（　　　　　　　　　　　　　　　　）
　　　　　　　　　簡単な説明　（　　　　　　　　　　　　　　　　）
Christopher Columbus　日 本 語 訳　（　　　　　　　　　　　　　　　　）
　　　　　　　　　簡単な説明　（　　　　　　　　　　　　　　　　）
Santa Maria　　　日 本 語 訳　（　　　　　　　　　　　　　　　　）
　　　　　　　　　簡単な説明　（　　　　　　　　　　　　　　　　）

■ 重要暗唱例文

1. The land route is much safer and shorter than the water route.
   陸路は水路よりずっと安全で距離も短いです。
2. He decided to live a quieter and safer life.
   彼は静かで安全な生活を送ることを決意しました。
3. They are on the smallest boat.
   彼らは一番小さなボートに乗っています。

4. This book is more interesting than that one.
   この本はあの本よりも興味深いです。
5. This computer is as expensive as yours.
   このコンピュータとあなたのコンピュータは同じ値段です。
6. It is difficult to decide who first discovered North America.
   誰が最初に北米を発見したのかを決めることは難しいです。
7. She survived the attack by running away.
   彼女は逃げ出すことでその襲撃を生き延びました。
8. He was convinced that he could find a new route.
   彼は新しい航路を見つけることができると確信していました。
9. When do you celebrate Columbus Day? On the second Monday of October.
   コロンブス・デーはいつですか。10月の第2月曜日です。
10. What do U.S. citizens do on Columbus Day? They organize parades and festivals.
    アメリカ市民はコロンブス・デーに何をしますか。パレードやお祭りを催します。

■ 次の英文を下線部に注意をして日本語に訳して下さい。

(1) There is evidence, however, that Viking explorer Leif Erikson discovered North America much earlier than Christopher Columbus.

(2) Columbus needed much more money and materials than he could acquire on his own.

(3) Columbus and the crew of the Santa Maria had to sail back to Spain on the much smaller Nina.

■ エッセイの内容に関して、以下の設問に答えて下さい。

(1) 第1段落　なぜバイキングは北米の入植地を放棄しましたか。

_____

(2) 第2段落　コロンブスはどこで数学や天文学を勉強しましたか。

_____

(3) 第3段落　コロンブスはヨーロッパから西へ航海することでどうなると考えていましたか。

_____

(4) 第4段落　コロンブスの航海に必要な資金を提供したのは誰ですか。

_____

(5) 第5段落　アメリカ政府はいつコロンブス・デーを国民の休日にしましたか。

_____

■ 次の日本文を英語に訳して下さい。

(1) 全米の小学校で生徒はアメリカ史の基本的な一定の出来事について教えられます。
　　　　全米の　across the U.S.　　小学校　elementary school　　一定の　certain

_____

(2) 1470年に彼の船はポルトガルの近くでフランス人海賊に襲撃されました。
　　　　ポルトガル　Portugal　　海賊　pirate　　襲撃する　attack

_____

(3) コロンブスはその二人の君主に追い払われましたが、彼は希望を失いませんでした。
　　　　君主　monarch　　追い払う　turn away

_____

(4) コロンブスの遠征隊は航海し続け、多くの島を発見しました。
　　　　遠征隊　expedition　　航海する　sail

(5) 多くのイタリア系アメリカ人がコロンブスはイタリア人であるという事実を誇らしく指摘してきました。
　　　　イタリア系アメリカ人　Italian Americans　　指摘する　point out

第7章

Veterans Day
（退役軍人の日）

Celebration Date: November 11th : 祝祭日は11月11日

1.　　Veterans Day is one of the U.S. national holidays that are actually observed on the same calendar date each year. The reason for which Americans celebrate this holiday on its fixed date is one that is firmly rooted in military history. This holiday was originally called "Armistice Day" to commemorate the end of World War I on the "eleventh hour of the eleventh day of the eleventh month" in 1918-- a date which we would translate as 11:00 a.m. on November 11, 1918.

2.　　Upon the one-year anniversary of this date, then President Woodrow Wilson publicly observed its significance and made the following remark:

> To us in America, the reflections of Armistice Day will be filled with solemn pride in the heroism of those who died in the country's service and with gratitude for the victory, both because of the thing from which it has freed us and because of the opportunity it has given America to show her sympathy with peace and justice in the councils of the nations....

Later, in 1938, the U.S. Congress finally established this federal holiday to honor veterans who had fought in World War I. In 1954, the U.S. Congress recognized the need to expand the meaning of this day to include those American military veterans who fought in both World War II and in the Korean War.

3.　　During the Vietnam War, the U.S. Congress decided once again in 1968 to modify the holiday by making it one of the holidays in which U.S. citizens could enjoy a threeday weekend under the Uniform Holidays Bill. As a result, the holiday was moved to the fourth Monday in October and many people started to forget the significance of the actual date on which the fighting of World War I came to an end. To ensure that

Americans would not forget the importance of this historical event, President Gerald Ford signed a law that would move Veterans Day back to its original date of November 11th starting from 1978.

4.　　While many U.S. citizens understandably confuse the meaning of Veterans Day and Memorial Day, it is important to remember that Veterans Day is a day to publicly honor those U.S. soldiers who survived; while, Memorial Day is a day in which citizens publicly remember those U.S. soldiers who died in service to their country. Today, many towns and cities across the U.S. organize parades filled with veterans who have served both in wartime and in peacetime. Many veteran organizations arrange public speeches for veterans to describe the hardships of war and reveal impressive memories of courage in combat, as demonstrated in the actions of fellow soldiers with whom they had served in battle. Many such speeches also address the challenges many veterans still face when returning to civilian life after their service. Veterans Day is a day revered by many U.S. citizens and a way to publicly appreciate the democratic society and civil liberties which so many U.S. soldiers have fought to guarantee.

Bibliography

History.com Staff. "Veterans Day" *History.com*. A+E Networks, 2009. Web. 21 May 2014.
　　　〈http://www.history.com/topics/holidays/history-of-veterans-day〉.

"History of Veterans Day". *Office of Public and Intergovernmental Affairs. U.S. Department of Veterans Affairs*. U.S. Govt, 26 Mar. 2014. Web. 21 May 2014.
　　　〈http://www.va.gov/opa/vetsday/vetdayhistory.asp〉.

Military.com Staff. "The History of Veterans Day." *Military.com*. Military Advantage, Inc., 2014. Web. 21 May 2014.
　　　〈http://www.military.com/veterans-day/history- of-veterans-day.html〉.

"The History of Veterans Day". U.S. Army Center of Military History., 20 Nov. 2010. Web. 21 May 2014. 〈http://www.history.army.mil/html/reference/holidays/vetsday/ vetshist.html〉.

■ 次の重要単語の意味を書いて下さい。

(1) veteran　　　　(　　　　　　　　)
(2) observe　　　　(　　　　　　　　)
(3) commemorate　(　　　　　　　　)
(4) significance　　(　　　　　　　　)

(5) solemn　　　　　　（　　　　　　　　　　）
(6) gratitude　　　　　（　　　　　　　　　　）
(7) modify　　　　　　（　　　　　　　　　　）
(8) understandably　　（　　　　　　　　　　）
(9) hardship　　　　　（　　　　　　　　　　）
(10) revere　　　　　　（　　　　　　　　　　）

■ 次の重要用語の意味とその内容を書いて下さい。

Veterans Day　日 本 語 訳　（　　　　　　　　　　　　　　　　　　　）
　　　　　　　簡単な説明　（　　　　　　　　　　　　　　　　　　　）
Armistice Day　日 本 語 訳　（　　　　　　　　　　　　　　　　　　　）
　　　　　　　簡単な説明　（　　　　　　　　　　　　　　　　　　　）
Memorial Day　日 本 語 訳　（　　　　　　　　　　　　　　　　　　　）
　　　　　　　簡単な説明　（　　　　　　　　　　　　　　　　　　　）

■ 重要暗唱例文

1. Veterans Day is a holiday that everyone is looking forward to.
   退役軍人の日はみんなが楽しみにしている休日です。

2. We respect veterans who fought in World War I.
   私達は第一次世界大戦に従軍した退役軍人を尊敬します。

3. Many people forget the date on which World War I came to an end.
   多くの人が第一次世界大戦の終結した日付を忘れています。

4. I know the reason for which Americans celebrate this holiday.
   私はアメリカ人がこの休日を祝う理由を知っています。

5. Memorial Day is a day in which people have fun together.
   戦没者追悼の日は人々が一緒に楽しむ日です。

■ 次の英文を下線部に注意をして日本語に訳して下さい。

(1) Veterans Day is one of the U.S. national holidays <u>that</u> are actually observed on the same calendar date each year.

(2) Many people started to forget the significance of the actual date on which the fighting of World War I came to an end.

___

(3) Memorial Day is a day in which citizens publicly remember those U.S. soldiers who died in service to their country.

___

■ エッセイの内容に関して、以下の設問に答えて下さい。
(1) 第1段落　退役軍人の日は元々どのような日でしたか。

___

(2) 第2段落　退役軍人の日が国民休日に制定されたのはいつですか。

___

(3) 第3段落　退役軍人の日が10月の第4月曜日から元々の11月11日に戻されたのはなぜですか。

___

(4) 第4段落　退役軍人の日と戦没者追悼の日の違いは何ですか。

___

■ 次の日本文を英語に訳して下さい。
(1) アメリカ人が毎年同じ日にこの休日を祝う理由は軍隊の歴史に深く根ざしています。
　　　深く根ざしている　firmly rooted

___

(2) 1954年になると、アメリカ議会は退役軍人の日の意義を拡大する必要性を認識しました。
　　　　意義　meaning

___

(3) ベトナム戦争中の1968年、アメリカ議会は退役軍人の日に再び変更を加えることを決定しました。
　　　　ベトナム戦争中　during the Vietnam War

___

(4) 戦没者追悼の日はアメリカ市民が自国への奉仕の中で命を落としたアメリカ人兵士を公に思い出す日です。
　　　　戦没者追悼の日　Memorial Day　　自国への奉仕　service to one's country

___

第8章

Thanksgiving Day
（感謝祭）

Celebration Date: The Fourth Thursday in November：11月の第4木曜日

1.　From an early age, children in the U.S. are taught the story of the Pilgrims of the Plymouth colony in present-day Massachusetts and their celebration of Thanksgiving after their first harvest in 1621. Yet, was this event truly the first Thanksgiving celebrated in North America? There is still some uncertainty about whether this annual American tradition actually originated with the Pilgrims or if this holiday even originated from the Pilgrims' feast in the autumn of 1621. There is evidence that Spanish colonists had already engaged in the practice of giving thanks in their Florida. colony. There is also some historical record that the English colonists at Jamestown had already celebrated a formal giving of thanks after they had arrived safely in Virginia in 1607.

2.　Does this suggest that the Pilgrims of the Plymouth colony did not establish Thanksgiving Day? What history shows is that the Pilgrims did, in fact, celebrate a three-day feast to give thanks for the harvest and increase in food supply which was so essential to the survival of their colony. However, the harvest of 1622 was not so plentiful and the colonists struggled once again. Finally, in 1623, rainstorms suddenly arrived after a long period of drought and the governor of the colony William Bradford declared June 30, 1623 to be a day during which members of the colony would give thanks to God for their improved living conditions. This was the first documented case in the English colonial history of North America in which the government declared a day to give thanks.

3.　This fact might surprise many Americans and could cause one to wonder how Thanksgiving Day became established as a national holiday and why the fourth Thursday of November was selected as its official day of observance. Even though many colonial communities carried on the tradition of setting a day for its residents to give thanks for all their blessings in life, each community chose its day of celebration. It was not until 1777 that the Continental Congress scheduled the first national

Thanksgiving after the U.S. formally declared its independence in 1776. On October 3, 1789, Founding Father and first U.S. President George Washington formally called for the citizens of the young republic to hold "a day of public thanksgiving and prayer" on Thursday, November 26th of that year.

4.   Although President Washington was the first president to officially proclaim a national Thanksgiving, each president had to decide whether and when to do the same each year thereafter. Eventually, national days of Thanksgiving became out of fashion by 1816 and states began to individually observe their own declared days of Thanksgiving until 1862. A well-known female activist and newspaper editor named Sarah Josepha Hale urged President Abraham Lincoln to call for a national day of Thanksgiving to be observed; her efforts were successful and President Lincoln followed George Washington's lead by publicly calling for a national Thanksgiving Day on the last Thursday of November. President Franklin D. Roosevelt attempted to change the presidential custom of annually calling for the observance of Thanksgiving on this day, however, and wanted it scheduled one week earlier as a way to extend the Christmas shopping season and, therefore, boost the economy in the years 1939 and 1940. In response, the U.S. Congress finally passed a law in 1941 that would recognize Thanksgiving Day as an established national holiday to be observed annually on the last Thursday of November.

5.   Now that a very basic history of Thanksgiving Day has been provided, the question still remains: how do people in the U.S. celebrate Thanksgiving Day? Aside from the annual American college football games that have also become an annual tradition, Thanksgiving Day in the U.S. is a day for families and friends to come together and enjoy a great feast. In commemoration of the game bird that was on the Pilgrims' own Thanksgiving feast menu centuries ago, turkey is often served. Other traditional Thanksgiving dishes include mashed potatoes and gravy, yams, cranberry sauce, stuffing (usually cooked inside the whole turkey while in the oven) and-- for dessert-- pumpkin pie!

<u>Bibliography</u>

History.com Staff. "History of Thanksgiving". *History.com*. A+E Networks., 2009. Web. 21 May 2014. 〈http://www.history.com/topics/thanksgiving〉.

Pilgrim Hall Museum Staff. "The Pilgrim Story". Pilgrim Hall Museum., 23 Jul. 2013. Web. 21 May 2014. 〈http://www.pilgrimhallmuseum.org/〉.

"Thanksgiving History". Plimoth Plantation., n.d. Web. 21 May 2014.
〈http://www.plimoth.org/learn/MRL/read/thanksgiving-history〉.
"Thanksgiving in North America: From Local Harvests to National Holiday." *Division of Cultural History, National Museum of American History.* Smithsonian Institution., n.d. Web. 21 May 2014. 〈http://www.si.edu/Encyclopedia_ SI/nmah/thanks.htm〉.

■ 次の重要単語の意味を書いて下さい。

(1) present-day   (   )
(2) originate   (   )
(3) feast   (   )
(4) plentiful   (   )
(5) blessing   (   )
(6) prayer   (   )
(7) proclaim   (   )
(8) well-known   (   )
(9) boost   (   )
(10) commemoration   (   )

■ 次の重要用語の意味とその内容を書いて下さい。

Thanksgiving Day	日 本 語 訳	( )
	簡単な説明	( )
George Washington	日 本 語 訳	( )
	簡単な説明	( )
Sarah Josepha Hale	日 本 語 訳	( )
	簡単な説明	( )

■ 重要暗唱例文

1. What history shows is interesting.
   歴史が示していることは興味深いです。

2. People wonder how Thanksgiving Day became established as a national holiday.
   感謝祭がどのようにして国の休日になったのかと人々は不思議に思います。

3. How do you celebrate Thanksgiving Day? We eat a delicious dinner together.
   あなた方はどのように感謝祭を祝いますか。一緒においしい夕食を食べます。

4. When do you celebrate Thanksgiving Day? On the fourth Thursday in November.
   感謝祭はいつですか。11月第4木曜日です。

■ 次の英文を下線部に注意をして日本語に訳して下さい。

(1) Each president had to decide <u>whether</u> and <u>when</u> to do the same each year thereafter.

(2) <u>What</u> history shows is that the Pilgrims did, in fact, celebrate a three-day feast to give thanks for the harvest.

(3) This fact could cause one to wonder <u>how</u> Thanksgiving Day became established as a national holiday.

■ エッセイの内容に関して、以下の設問に答えて下さい。

(1) 第1段落　1621年以前にフロリダで感謝祭をおこなっていた可能性があるのは誰ですか。

(2) 第2段落　1623年に長期の日照りの後で何が起こりましたか。

(3) 第3段落　大陸会議が最初の国家的な感謝祭を予定したのはいつですか。

(4) 第4段落　フランクリン・D・ルーズベルト大統領が感謝祭を1週間前倒ししようとしたのはなぜですか。

(5) 第5段落　感謝祭には何をしますか。

■ 次の日本文を英語に訳して下さい。
(1) しかしこの出来事は本当に北米で祝われた最初の感謝祭だったのでしょうか。
　　　　祝われた　celebrated

(2) 1623年に長期の日照りの後に突然の暴風雨がやってきました。
　　　　日照り　drought　　暴風雨　rainstorms

(3) この事実ゆえに、なぜ11月の第4木曜日が正式な祝日に選ばれたのかを疑問に思うかもしれません。
　　　　祝日　day of observance　　疑問に思う　wonder

(4) アメリカ議会は感謝祭を国民の祝日として確立することを承認する法案を1941年に可決しました。
　　　　アメリカ議会　U.S. Congress

第9章

Christmas Day
（クリスマス）

Celebration Date: December 25th : 12月25日

1. It can be easily said that Christmas is a day that is known around the world by both Christians and non-Christians alike. For nearly 2,000 years, most Christians have celebrated December 25th as the day on which Jesus Christ was born. Yet, do we know for certain that December 25th was the actual birthdate of Jesus Christ? There are many conflicting viewpoints about when Jesus Christ was actually born.

2. During Roman times, many festivals were organized to mark the beginning of the winter season as well as the New Year. After Roman Emperor Constantine converted to Christianity in the 4th Century A.D., one might think that the old Roman practice of worshipping many gods and observing traditional Roman holidays would have been totally abolished for the sake of Christianizing the Roman Empire. Such, however, was not the case. Historical evidence informs us that many of the old "pagan" customs were still tolerated and even adapted to accommodate this new era in Roman society. As a result, Christmas Day became a popular holiday many celebrated on December 25th-- a day close enough to the Winter Solstice and a day that Romans had already observed as the shortest day of the year, called Saturnalia. Accordingly, the Roman tradition of exchanging gifts and decorating houses with evergreen carried on over the many centuries to follow. So, as to whether or not Jesus Christ was actually born on December 25th, there is no clear answer but it seems likely he was born on a different day.

3. Many Puritan Christians coming from England established colonies in North America during the 17th century and refrained from celebrating Christmas because they did not believe they should exchange gifts in remembrance of Christ's birth. Dutch colonists who established New Amsterdam (present-day New York) brought with them the story of St. Nicholas. In Dutch language, the name of this generous gift-giving saint was pronounced "Sinterklaas" which the English-speaking colonists later

borrowed and pronounced as "Santa Claus". This pronunciation became much more popular as time passed and, eventually, this legendary figure would become forever associated with Christmas.

4.   Yet, considering that there were so many Puritans who had settled the British colonies in North America, one might wonder how Christmas became a national holiday in the U.S. Actually, for many years after the U.S. became an independent country in 1776, Christmas was seen as a holiday observed by the British; therefore, many Americans had shied away from publicly celebrating this day until 1870 when U.S. President Ulysses S. Grant signed a bill making Christmas a holiday for federal employees working in Washington D.C. In 1968, a public law was passed making it a national holiday for all federal employees nationwide. Since then, Christmas is a publicly celebrated holiday and many businesses close their shops on that day to give all of their employees, regardless of religion, a day to rest.

5.   In the days leading up to Christmas, many families get a "Christmas tree" which they will place in their living rooms and decorate with ornaments. Furthermore, many people celebrating Christmas in the U.S. send out Christmas cards or, to be less religious, greeting cards wishing their friends and relatives "Happy Holidays" and a prosperous New Year. As for children in the U.S., many still believe in the story of Santa Claus, even though this story has become a distinctly American version of the story of St. Nicholas. For example, where St. Nicholas was known to have lived in modern-day Turkey centuries ago, American children believe Santa Claus still lives on the North Pole with his wife and has many elves and reindeer to produce and deliver gifts to children around the world on Christmas Day. Many children in the U.S. still prepare a wish list of gifts they would like to receive from Santa Claus on Christmas Day and many parents take the opportunity to remind their children to be good throughout the year in order to receive Christmas presents. On Christmas Eve, children who believe in Santa Claus will hang stockings they hope will be filled with small gifts-- such as candy canes and chocolates--and leave out milk and cookies for Santa to enjoy when he stops by their homes (usually through the chimney). In these households, children are excited to find that Santa Claus has left small gifts for them in their stockings hung by the chimney and larger gifts sitting under the Christmas tree. These "presents from Santa" are usually found with other gifts left by relatives and friends.

6.   However, there are many Americans who do not observe Christmas Day-- either for religious or personal reasons-- but still enjoy the day off from work. Christmas is one of only four U.S. holidays where it is actually celebrated on the

same date each year. In most U.S. households, Christmas Day is an opportunity for family and friends to reunite and enjoy such activities as gift exchanges, listening to Christmas songs, and traditional Christmas Day feasts which can include turkey, ham, and pie. Whether one believes in Christianity; whether the birthdate of Jesus Christ be on December 25th; or whether the story of Santa Claus be true, Christmas Day is undeniably a memorable occasion to mark the winter season each year in the United States.

Bibliography

"Christmas Day". *America's Story from America's Library. U.S. Library of Congress.* U.S. Govt. Web. 23 May 2014.
⟨http://www.americaslibrary.gov/jb/modern/jb_modern_xmas_1.html⟩.

History.com Staff. "History of Christmas". *History.com.* A+E Networks. 2009. Web. May 2014.
⟨http://www.history.com/topics/christmas/history-of-christmas⟩.

Lunn-Rockliffe, Sophie. "Christianity and the Roman Empire". British Broadcasting Corp., 17 Feb. 2011. Web. 23 May 2014. ⟨http://www.bbc.co.uk/history/ancient/romans/christianityromanempire_article_01.shtml⟩.

"Public Law 90-363".*U.S. Government Printing Office.* U.S. Govt. 28 Jun. 1968. Web. 23 May 2014. ⟨http://www.gpo.gov/fdsys/pkg/STATUTE-82/pdf/STATUTE-82-Pg250-3.pdf⟩.

■ 次の重要単語の意味を書いて下さい。

(1) birthdate　　　　(　　　　　　　　　)
(2) viewpoint　　　　(　　　　　　　　　)
(3) inform　　　　　(　　　　　　　　　)
(4) tolerate　　　　 (　　　　　　　　　)
(5) legendary　　　 (　　　　　　　　　)
(6) employee　　　　(　　　　　　　　　)
(7) prosperous　　　(　　　　　　　　　)
(8) distinctly　　　 (　　　　　　　　　)
(9) opportunity　　 (　　　　　　　　　)
(10) reunite　　　　 (　　　　　　　　　)

■ 次の重要用語の意味とその内容を書いて下さい。

Constantine　　　日本語訳　　(　　　　　　　　　　　　　　　　　　　　　)
　　　　　　　　　簡単な説明　(　　　　　　　　　　　　　　　　　　　　　)

New Amsterdam　　　日本語訳　　（　　　　　　　　　　　　　　　　）
　　　　　　　　　　簡単な説明　　（　　　　　　　　　　　　　　　　）

■ 重要暗唱例文

1. For nearly 2,000 years, most Christians have celebrated December 25th.
   2000年近くにわたって、ほとんどのキリスト教徒が12月25日をお祝いしてきました。
2. Many events were organized to mark the beginning of the winter season.
   冬季の始まりを示すために、多くの行事が催されました。
3. Many Puritans coming from England established colonies in North America.
   イギリスからやって来た多くの清教徒が北米に入植地を建設しました。
4. It is interesting to know how Christmas became a national holiday in the U.S.
   どのようにしてクリスマスがアメリカで国民の休日になったのかを知ることは面白いです。
5. Some Americans cannot celebrate Christmas Day for religious reasons.
   アメリカ人の中には宗教的な理由でクリスマスの日をお祝いできない人もいます。
6. Christmas Day is one of the most popular national holidays in the U.S.
   クリスマスはアメリカで最も人気のある国民休日の1つです。
7. Santa Claus is a legendary figure who gives gifts to children.
   サンタクロースは子供たちに贈り物を与える伝説上の人物です。

■ 次の英文を下線部に注意をして日本語に訳して下さい。

(1) As a result, Christmas Day became a popular holiday that many celebrated on December 25th.

___

(2) Accordingly, the Roman tradition of exchanging gifts and decorating houses with evergreen carried on over the many centuries to follow.

___

(3) Many Americans had shied away from publicly celebrating this day until 1870.

___

(4) In 1968, a public law was passed making Christmas a national holiday for all federal employees nationwide.

■ エッセイの内容に関して、以下の設問に答えて下さい。

(1) 第1段落　多くのキリスト教徒は12月25日をどのような日としてお祝いしてきましたか。

(2) 第2段落　ローマ帝国でクリスマスがお祝いされる前には12月25日はどのような日でしたか。

(3) 第3段落　ニューアムステルダムを建設したオランダ人は何を持ち込みましたか。

(4) 第4段落　1870年まで多くのアメリカ人が公的にクリスマスをお祝いするのを避けていたのはなぜですか。

(5) 第5段落　聖ニコラスは何世紀も昔に現在のどこに住んでいましたか。

(6) 第6段落　アメリカのほとんどの家庭ではクリスマスの日に何をしますか。

■ 次の日本文を英語に訳して下さい。

(1) 私たちは12月25日がイエス＝キリストの実際の誕生日であると確実に知ることができるでしょうか。

　　　　　確実に　for certain　　実際の actual　　イエス＝キリスト　Jesus Christ

_____

(2) 実際にイエス＝キリストが12月25日に生まれたのかどうかに関しては明らかな答えはありません。

　　　　　～かどうかに関して　as to whether or not ～

_____

(3) 多くの家族が居間に置き装飾品で飾るクリスマスツリーを手に入れます。

　　　　　居間　living room　　装飾品　ornaments　　飾る　decorate

_____

(4) しかし、宗教的または個人的な理由で、クリスマスの日をお祝いしない多くのアメリカ人がいます。

　　　　　お祝いする　observe　　AまたはB　either A or B

_____

解答・日本語訳

第1章

第1段落

　マーティン・ルーサー・キングの日（「MLKデー」と呼ばれることが多いです）は、1986年1月20日からアメリカの連邦休日です。この休日を3連休の週末の一部にするため、月曜日祝日統一法と呼ばれる1968年の法律の下で、アメリカ政府は、キング牧師の誕生日に近づけたまま、この休日を1月の第3月曜日に組み込むことを決定しました。その制定以降、この公的祝日はアメリカ人に自国の公民権運動について再考する正式な日を提供してきました。

第2段落

　マーティン・ルーサー・キングは1929年1月15日にジョージア州のアトランタで生まれました。彼が生まれた頃のアメリカ南東部ではアフリカ系アメリカ人は、1865年の北軍の南軍に対する勝利と南北戦争の終結の後に奴隷制を廃止した1863年の奴隷解放宣言にも関わらず、ヨーロッパ系アメリカ人による差別を受けていました。南北戦争の終結後何年間も、旧南部連合諸州のヨーロッパ系アメリカ人はアフリカ系アメリカ人に同等の権利を与えることを恐れていました。その結果、レストラン、公衆トイレ、電車、バスといったすべての公共の場所で、白人のヨーロッパ系アメリカ人と「有色」と呼ばれていた混血および黒人のアフリカ系アメリカ人を分離する法律が可決されました。

第3段落

　幼少期を通じて、マーティン・ルーサー・キングは非凡で勤勉な学生として知られるようになっていました。実際に、彼は9年生と12年生を飛び級し、15歳で社会学を勉強するためにモアハウス大学に入学することができました。モアハウス大学での勉強を終えた後、彼はボストン大学で神学を勉強し、1955年に同大学から神学の博士号を取得しました。バプテスト派のキリスト教牧師として、彼は非暴力を支持し、アメリカ南東部におけるアフリカ系アメリカ人に対する差別に抗議するための手段として非暴力の抵抗を呼びかけました。

第4段落

　白人のヨーロッパ系アメリカ人だけが法的に着席を許可されているバスの前方座席を譲るのを拒否したローザ・パークスという若いアフリカ系アメリカ人の女性の逮捕に抗議するため、1955年にモンゴメリー・バス・ボイコット運動の結成を手助けした時、マーティン・ルーサー・キングは公民権運動の有名な指導者になりました。ボイコット運動は、1年以上にわたって続き、アメリカの地方裁判所がアラバマ州モンゴメリーのすべての公共バスで分離を終わらせる判決を下したときに終結しました。マーティン・ルーサー・キングは、当時のジョンソン大統領が1964年に公民権法に、1965年に投票権法に最終的に署名した時まで、分離を終わらせるための努力を続けました。それぞれこれら2つの法律は、分離

を廃止し、すべてのアメリカ市民に平等な投票権を確立しました。

第5段落
　これら2つの法律は、分離を通じた差別という法的制度を終わらせましたが、アメリカ人の間での人種的偏見を完全になくしたわけではありませんでした。マーティン・ルーサー・キングは、1968年4月4日にテネシー州メンフィスのホテルのバルコニーに立っている最中に悲劇的にも銃撃され暗殺された時、真に差別のないアメリカ社会という目標に向かって努力することを諦めていませんでした。彼の死以降も、アメリカで依然として多くの人種差別の事例がありました。しかし、マーティン・ルーサー・キングの日を制定することは、すべてのアメリカ人の間での平和、調和、平等という彼の夢をアメリカ市民に思い起こさせてきました。国民の休日としてマーティン・ルーサー・キングの日が制定されて以降毎年、この偉大なアメリカ人の指導者に敬意を示すために、アメリカ人は礼拝、宴会、教育的な集会、社会的事業をしばしば催してきました。

■ 次の重要単語の意味を書いて下さい。

(1) federal　　　　　　（　　　連邦の　　　）
(2) creation　　　　　　（　　　創設　　　　）
(3) discrimination　　　（　　　差別　　　　）
(4) segregation　　　　（　　　分離　　　　）
(5) talented　　　　　　（　　　非凡な　　　）
(6) resistance　　　　　（　　　抵抗　　　　）
(7) refuse　　　　　　　（　　　拒否する　　）
(8) abolish　　　　　　（　　　廃止する　　）
(9) prejudice　　　　　（　　　偏見　　　　）
(10) assassinate　　　　（　　　暗殺する　　）

■ 次の重要用語の意味とその内容を書いて下さい。

Emancipation Proclamation　　日本語訳　（　　　奴隷解放宣言　　　）
　　　　　　　　　　　　　　簡単な説明　（　　奴隷制を廃止した1863年の宣言　　）
　　　　　　　　　　　　　　　　　　　　　※第2段落の2文目に注目しましょう。

Rosa Parks　　　　　　　　　日本語訳　（　　　ローザ・パークス　　　）
　　　　　　　　　　　　　　簡単な説明　（1955年にバスの座席を譲らず逮捕された黒人女性）
　　　　　　　　　　　　　　　　　　　　　※第4段落の1文目に注目しましょう。

Voting Rights Act　　　　　　日本語訳　（　　　投票権法　　　）
　　　　　　　　　　　　　　簡単な説明　（アメリカの全市民に平等な投票権を確立した法律）
　　　　　　　　　　　　　　　　　　　　　※第4段落の最後の文に注目しましょう。

■ 次の英文を下線部に注意をして日本語に訳して下さい。

(1) In the years following the end of the Civil War, European-Americans in the former Confederate states <u>had been</u> afraid of granting equal rights to African-Americans.

南北戦争の終結後何年間も、旧南部連合諸州のヨーロッパ系アメリカ人はアフリカ系アメリカ人に同等の権利を与えることを恐れていました。

※第2段落の3文目を参照しましょう。

(2) He <u>had continued</u> his efforts to end segregation in the U.S. until, finally, then-President Johnson signed the Civil Rights Act in 1964 and Voting Rights Act in 1965.

彼は、当時のジョンソン大統領が1964年に公民権法に1965年に投票権法に最終的に署名した時まで、分離を終わらせるための努力を続けました。

※第4段落の最後の文を参照しましょう。

(3) The establishment of MLK Day <u>has reminded</u> U.S. citizens of Martin Luther King, Jr.'s dream of peace, harmony, and equality among all Americans.

マーティン・ルーサー・キングの日を制定することは、すべてのアメリカ人の間での平和、調和、平等という彼の夢をアメリカ市民に思い起こさせてきました。

※第5段落の最後から2文目を参照しましょう。

■ エッセイの内容に関して、以下の設問に答えて下さい。

(1) 第1段落　マーティン・ルーサー・キングの日はいつから連邦休日ですか。
1986年1月20日。

※第1段落の1文目に注目しましょう。

(2) 第2段落　南北戦争後の南部地域ではどのような法律が制定されましたか。
すべての公共の場所で、白人のヨーロッパ系アメリカ人と「有色」と呼ばれていた混血および黒人のアフリカ系アメリカ人を分離する法律が可決されました。

※第2段落の最後の文に注目しましょう。

(3) 第3段落　マーティン・ルーサー・キングはどこで神学を勉強しましたか。
ボストン大学。

※第3段落の3文目に注目しましょう。

(4) 第4段落　1955年にローザ・パークスはなぜ逮捕されましたか。
白人のヨーロッパ系アメリカ人だけが法的に着席を許可されているバスの前方座席を譲ることを拒否し

たから。

※第4段落の1文目に注目しましょう。

(5) 第5段落　マーティン・ルーサー・キングはいつ暗殺されましたか。

1968年4月4日。

※第5段落の2文目に注目しましょう。

■ 次の日本文を英語に訳して下さい。

(1) マーティン・ルーサー・キングは1929年1月15日にジョージア州アトランタで生まれました。

　　　マーティン・ルーサー・キング　Martin Luther King, Jr

Martin Luther King, Jr. was born on January 15, 1929 in Atlanta, Georgia.

※第2段落1文目を参照しましょう。

(2) バプテスト派のキリスト教牧師として、彼は非暴力を支持していました。

　　　バプテスト派　Baptist　　牧師　minister　　非暴力　non-violence

During his time as a Baptist Christian minister, he had supported non-violence.

※第3段落の最後の文を参照しましょう。

(3) 1955年にマーティン・ルーサー・キングは公民権運動の有名な指導者になりました。

　　　公民権運動　Civil Rights movement

Martin Luther King, Jr. became a well-known leader in the Civil Rights movement in1955.

※第4段落の1文目を参照しましょう。

(4) それぞれこれら2つの法律は、分離を廃止し、すべてのアメリカ市民に平等な投票権を確立しました。

　　　それぞれ　respectively　　投票権　voting rights

These two laws abolished segregation and established equal voting rights to all U.S. citizens, respectively.

※第4段落の最後の文を参照しましょう。

(5) 彼の死以降も、アメリカで依然として多くの人種差別の事例がありました。

Since his death, there have still been many cases of racial discrimination in the U.S.

※第5段落の3文目を参照しましょう。

第2章

第1段落

　大統領の日は、ジョージ・ワシントン大統領とエイブラハム・リンカーン大統領の二人に敬意を示すために広範にお祝いされるアメリカの国民休日です。ワシントンの誕生日が2月22日で、リンカーンの誕生日が2月12日のため、多くの人は2月の第3月曜日が二人の大統領の記念碑的生涯をお祝いするのに好都合な選択であると考えます。その日は大統領の日と呼ばれますが、これら二人の特に影響力のある大統領の印象は、この例年の休日を記念する公的な宣伝にたいてい使われます。

第2段落

　アメリカ革命戦争中に大陸軍で勇敢に指導力を発揮したことですべてのアメリカ市民に崇敬されている人である、ジョージ・ワシントンは、建国の父の中で最も有名でしょう。彼は、果断な性格で尊敬される大統領として、二期にわたって新たに建設された共和国の人民に奉仕しました。アメリカ革命戦争中や大統領期の生活と比べて、ジョージ・ワシントンの若齢期の生活についてはほとんど知られていません。彼は、旧来のユリウス暦の1731年2月11日に、バージニア邦にあった彼の父親の広大な農園で生まれました。しかしバージニア邦の植民地政府は1752年にグレゴリオ暦を採用したため、事実上ワシントンの誕生日は1732年2月22日に変わりました。

第3段落

　ワシントンがいかに正直で、信心深く、肉体的に強健だったのかを説明する多くの通俗的な寓話がありますが、彼の幼少期に関する多くの話は物語作家によって誇張されたと信じられています。そのような話の1つが、ワシントンがかつて銀ドルをポトマック川の対岸に投げたというものです。ポトマック川の平均的な川幅は1500フィート（または450メートル）で、誰がどのように物をそれだけの距離だけ投げることができるのかを信じるのは困難です。それでも、装飾されているとは言え、この逸話は、革命戦争中に大陸軍を率いてポトマック川付近でイギリス人と戦う何年も前に、ワシントンがすでにその川のことをいかに熟知していたかを示唆しています。

第4段落

　ジョージ・ワシントンの父親は彼がわずか11歳の時に亡くなりました。ワシントンの正式な教育は15歳の時までに終わり、彼は、青年期の多くを、未亡人となった母親が家族の広大な私有地での毎日の用事をこなすのを手助けすることに費やしました。19歳からワシントンは、郡の測量技師、植民地民兵の指導者、代表者として、革命前の長年にわたって公務に従事しました。1775年に大陸会議はワシントンを大陸軍の最高司令官に任命し、彼は、1783年9月のパリ条約への署名で正式に終結する革命戦争で、親独立派の軍隊を勝利に導きました。1788年に批准されたアメリカ合衆国憲法は政府の行政部を規定し、

大統領という新たに創設された地位のための選挙がおこなわれました。ジョージ・ワシントンが満場一致で選出され、彼は1789年4月30日に57歳でアメリカ合衆国の初代大統領としてニューヨークで就任の宣誓をおこないました。ワシントンの大統領としての二期は、その後の大統領が踏襲すべき行政部の指導力に関する新たな基準を設けるのに役立ちました。1799年12月14日に死去するまで、ワシントンはアメリカ軍の発展のために助言や指導をおこない続けました。

第5段落

エイブラハム・リンカーンは1809年2月12月にケンタッキー州の粗末な丸太小屋で生まれました。正式な教育を受けることができなかったため、リンカーンは独学を通じての自己修養に献身的な人でした。したがって、リンカーンは幼少期のほとんどを通じて様々な教科を独りで学び、ついには法律を勉強しました。リンカーンはケンタッキー州、インディアナ州、イリノイ州で育ちました。彼が最初に政界に入ったのはイリノイ州においてであり、1834年から1842年にかけてイリノイ州議会に勤めました。1846年にリンカーンは一期だけ下院議員を務め、1860年にアメリカ合衆国大統領に当選しました。

第6段落

1861年に北部諸州と南部諸州の間で南北戦争が勃発しました。南部諸州の立法議会が奴隷解放に関する法律の可決を拒否した時、奴隷制が南北戦争の背後にある一義的問題でした。それゆえ、アメリカの北部の「自由州」と南部の「奴隷州」の間で緊張が高まり、11の南部諸州は連邦からの離脱を宣言し、アメリカ連合国（または南部連合）と呼ばれる国を建設しました。その後の戦争は両陣営にとって極めて破壊的であり、その戦争を迅速かつ平和的に終結させることができないことに気づいたエイブラハム・リンカーンは、1863年に奴隷解放宣言を発し、すべての奴隷に自由を与えました。これは道義的かつ軍事的に賢明なもの（自由のために反乱を起こすよう奴隷を鼓舞したであろうように）として一般的に記録される行動でした。1865年の南部諸州に対する北部の勝利で南北戦争が終結し、国家の結束が維持された後、エイブラハム・リンカーン大統領の一生は、1865年4月15日に南部連合の過激派の凶弾によって暗殺された時、悲劇のうちに終わりました。

第7段落

ワシントンは革命戦争の指導者かつアメリカの建国の父だった一方で、リンカーンは南北戦争を通じて国家の統合を維持し正当に奴隷制を終わらせましたが、彼ら二人の大統領は将来的な世代に非常に大きな影響を与える任期を務めました。ですが、大統領の日の起源に関する大衆の理解は必ずしも正確ではありません。今でも大統領の日は法的にも正式にもワシントンの誕生日と指定されています。アメリカ市民がより3日間の週末を享受できるようにアメリカの休日の多くを月曜日に移動させる1968年の法律は、1971年のニクソン大統領の任期中に施行されました。新しい法律の下でいったんワシントンの誕生日が2月の第3月曜日に正式にお祝いされると、ニクソン大統領は、その機会を利用して、すべての大統領がその日に敬意を示されるべきであると大衆に指摘しました。そのため、このようにしてすで

に多くの人に知られていた休日が大統領の日として大衆に知られるようになったと言われてきました。利益を増やすために多くのお店がその3日間の週末を利用して「休日販売」を催す一方で、アメリカの多くの人がその機会に近くの国立公園や州立公園での記念行事に出席します。これらの催しの中には、人々の生活を良くするはずである政府の政策、顕著な出来事、公共事業に敬意を示す公的な演説や儀式が含まれるかもしれません。

■ 次の重要単語の意味を書いて下さい。

(1)　selection　　　　　（　　　　選択　　　　）
(2)　adopt　　　　　　　（　　　　採用する　　）
(3)　character　　　　　（　　　　性格　　　　）
(4)　distance　　　　　　（　　　　距離　　　　）
(5)　delegate　　　　　　（　　　　代表　　　　）
(6)　unanimously　　　　（　　　　満場一致で　）
(7)　dedicated　　　　　（　　　　献身的な　　）
(8)　tension　　　　　　（　　　　緊張　　　　）
(9)　leading　　　　　　（　　　　指導的な　　）
(10)　tremendous　　　　（　　　　非常に大きな　）

■ 次の重要用語の意味とその内容を書いて下さい。

Treaty of Paris　　日　本　語　訳　（　　　　　　パリ条約　　　　　　　　　）
　　　　　　　　　簡単な説明　　（　アメリカ革命戦争を終わらせた和平条約　）
　　　　　　　　　　　　　　　　　　　　　　　　　※第4段落の3文目を参照しましょう。

The Confederacy　日　本　語　訳　（　　　　　　南部連合　　　　　　　　　）
　　　　　　　　　簡単な説明　　（連邦から離脱した南部諸州により構成された国）
　　　　　　　　　　　　　　　　　　　　　　　　　※第6段落の3文目を参照しましょう。

■ 次の英文を下線部に注意をして日本語に訳して下さい。

(1) Presidents' Day is a U.S. national holiday <u>widely observed</u> to honor both President George Washington and President Abraham Lincoln.

<u>大統領の日は、ジョージ・ワシントン大統領とエイブラハム・リンカーン大統領の二人に敬意を示すために広範にお祝いされるアメリカの国民休日です。</u>

※第1段落の1文目を参照しましょう。下線部は過去分詞の後置修飾で、holiday を修飾します。下線部の後の to は不定詞の副詞的用法です。

(2) He served the people of the newly founded republic for two terms as a president <u>respected</u> for his decisive character.

彼は、果断な性格で尊敬される大統領として、二期にわたって新たに建設された共和国の人民に奉仕しました。

　　　　　　※第2段落の2文目を参照しましょう。下線部は過去分詞の後置修飾で、presidentを修飾します。

(3) There are many popular fables <u>illustrating</u> how honest, pious, and physically strong Washington was.

ワシントンがいかに正直で、信心深く、肉体的に強健だったのかを説明する多くの通俗的な寓話があります。

　　　　　　※第3段落の1文目を参照しましょう。下線部 illustrating は fables を修飾する現在分詞です。

■ エッセイの内容に関して、以下の設問に答えて下さい。

(1) 第2段落　ワシントンの誕生日はユリウス暦でいつでしたか。

1731年2月11日。

　　　　　　　　　　　　　　　　　　　　　　※第2段落の最後から2文目に注目しましょう。

(2) 第3段落　ポトマック川の平均的な川幅はどれぐらいですか。

1500フィート（450メートル）。

　　　　　　　　　　　　　　　　　　　　　　　　※第3段落の3文目に注目しましょう。

(3) 第4段落　1775年に大陸会議はどのような決定をおこないましたか。

ワシントンを大陸軍の最高司令官に任命しました。

　　　　　　　　　　　　　　　　　　　　　　　　※第4段落の3文目に注目しましょう。

(4) 第6段落　北部の自由州と南部の奴隷州の間で緊張が高まった結果、何が起こりましたか。

11の南部諸州は連邦からの離脱を宣言し、アメリカ連合国（または南部連合）と呼ばれる国を建設しました。

　　　　　　　　　　　　　　　　　　　　　　　　※第6段落の3文目に注目しましょう。

(5) 第7段落　2月の第3月曜日にすべての大統領に対して敬意を払うよう主張した人物は誰ですか。

ニクソン大統領。

　　　　　　　　　　　　　　　　　　　　　　　　※第7段落の4文目に注目しましょう。

■ 次の日本文を英語に訳して下さい。

(1) そのような話の1つが、ワシントンがかつて銀ドルをポトマック川の対岸に投げたというものです。

　　　　銀ドル　silver dollar　　ポトマック川の対岸に　across the Potomac River

One such story is that Washington once threw a silver dollar across the Potomac River.

※第3段落の2文目を参照しましょう。

(2) ジョージ・ワシントンが満場一致で選出され、1789年にアメリカ合衆国の初代大統領として就任の宣誓をおこないました。

　　　　選出する　elect　　就任の宣誓をおこなう　take the oath of office

George Washington was unanimously elected and took the oath of office as the first President of the United States in 1789.

※第4段落の最後から3文目を参照しましょう。

(3) 正式な教育を受けることができなかったため、彼は独学を通じての自己修養に献身的な人でした。

　　　　独学　independent study　　自己修養　self-improvement

He was a man dedicated to self-improvement through independent study as he did not have access to formal education.

※第5段落の2文目を参照しましょう。

(4) エイブラハム・リンカーン大統領の一生は、1865年に南部連合の過激派の凶弾によって暗殺された時、悲劇のうちに終わりました。

　　　　過激派　extremist　　南部連合の　Confederate　　凶弾　bullet
　　　　悲劇のうちに終わる　end in tragedy

President Abraham Lincoln's life ended in tragedy when he was assassinated by a Confederate extremist's bullet in 1865.

※第6段落の最後の文を参照しましょう。

第3章

第1段落

　戦没者追悼の日は陰鬱な歴史のある国民の休日です。小さなアメリカ国旗と花で命を落とした兵士のお墓を「飾る」行為を表すために、もともとデコレーション・デーと呼ばれていた戦没者追悼の日は、戦時に従軍し祖国のために犠牲になったアメリカ兵の命を思い出し敬意を示すための日です。最初にどの町や街が公式に戦没者追悼の日を祝ったのは必ずしも明らかではない一方で、リンドン・ジョンソン大統領は、5月30日をアメリカ人が国家的に「平和を祈る」ための日と制定した1966年の宣言の中で、

ニューヨーク州のウォータールーをこの愛国的な休日の正式な発祥地と宣言しました。

第2段落

　しかしどの公吏が正式にこの国民的休日を制定したのかは明らかです。1868年5月5日、アメリカ陸軍大将ジョン・ローガンは、書面による指令を発し、毎年5月30日に祝われる戦没者追悼の日を制定することを要請しました。同時にその日は、南北戦争中に国家の結束を維持するために犠牲になった従軍兵士を特に思い出すことを意味していました。第一次世界大戦までに全米の街や町で徐々に採用され、戦没者追悼の日の意義はアメリカの戦争で命を落としたすべてのアメリカ人兵士に対して敬意を示すことになりました。最終的に議会は1971年に法律を可決し、戦没者追悼の日を国民の休日として制定するとともに、5月の最終月曜日をアメリカ人が犠牲になったアメリカ人兵士の命を毎年思い出すための日としました。

第3段落

　祖国に尽くした人々によって支払われた究極の犠牲に敬意を払うために、多くのコミュニティが行進、バーベキュー、コンサートを催します。これらの催しをおこなうことは、地元のコミュニティの家族や一員が結束するための方法にもなります。その結果、犠牲になった兵士のお墓に注意を払って彼らに敬意を示すという戦没者追悼の日の元々の意味を見失っているアメリカ人もいます。その代わり、多くのアメリカ人が、この休日をお祝いすることを、バーベキュー・パーティをしたり町を出て行ったりする「週末の3連休」とみなしているかもしれません。

第4段落

　戦没者追悼の日の元々の意味を維持するために、多くの町や街で公吏や退役軍人が公的な演説をすることを企画し、アメリカ軍によって戦われた多くの戦争の人的犠牲を省みます。2000年12月に議会は「全国追悼の時」を制定する法律を可決し、全米のアメリカ人が同時にそのように内省できるようにしました。この法律は、毎年戦没者追悼の日の午後3時に立ち止まり、1分間の黙祷をおこなうことをすべてのアメリカ人に要請しています。この1分間の黙祷は、戦没者追悼の日の元々の意味が失われていないことを確実にすることに役立つ、一種の国家的祈りまたは黙想なのです。

■ 次の重要単語の意味を書いて下さい。

(1) conflict　　　　　（　戦い・争い　）
(2) patriotic　　　　（　愛国的な　）
(3) birthplace　　　（　発祥地　）
(4) sacrifice　　　　（　犠牲　）
(5) united　　　　　（　団結した　）
(6) gradually　　　（　徐々に　）

(7) original （　　　元々の　　　）
(8) grave （　　　お墓　　　）
(9) reflection （　　　内省　　　）
(10) ensure （　　　確実にする　　　）

◾ 次の重要用語の意味とその内容を書いて下さい。

Decoration Day　日 本 語 訳　（　　　デコレーション・デー　　　）
　　　　　　　　簡単な説明　（　　戦没者追悼の日の元々の名称　　）
　　　　　　　　　　　　　　　　　※第1段落の1～2文目に注目しましょう。

John Logan　　　日 本 語 訳　（　　　ジョン・ローガン　　　）
　　　　　　　　簡単な説明　（毎年5月30日を戦没者追悼の日とした陸軍大将）
　　　　　　　　　　　　　　　　　※第2段落の2文目に注目しましょう。

National Moment　日 本 語 訳　（　　　全国追悼の時　　　）
of Remembrance　簡単な説明　（戦没者追悼の日の午後3時に1分間の黙祷をします）
　　　　　　　　　　　　　　　　　※第4段落の2～3文目に注目しましょう。

◾ 次の英文を下線部に注意をして日本語に訳して下さい。

(1) This holiday is a day to remember and honor the lives of those U.S. soldiers who died for their country while serving in times of conflict.

この休日は戦時に従軍し祖国のために犠牲になったアメリカ兵の命を思い出し敬意を示すための日です。

※第1段落の2文目を参照しましょう。下線部の to は to 不定詞の形容詞的用法を示しており、「～するための」と訳します。

(2) To honor the ultimate sacrifice paid by those serving their country, many communities organize parades, barbeques, and concerts.

祖国に尽くした人々によって支払われた究極の犠牲に敬意を払うために、多くのコミュニティが行進、バーベキュー、コンサートを催します。

※第3段落の1文目を参照しましょう。下線部の to は to 不定詞の副詞的用法で、「～するために」と訳します。

(3) Some Americans might lose focus of the holiday's original meaning to honor the fallen by tending to their graves.

犠牲になった兵士のお墓に注意を払って彼らに敬意を示すという戦没者追悼の日の元々の意味を見失っているアメリカ人もいます。

　　　※第3段落3文目を参照しましょう。下線部の tending は動名詞で、「注意を払うこと」と訳します。

解答・日本語訳 63

■ エッセイの内容に関して、以下の設問に答えて下さい。
(1) 第1段落　戦没者追悼の日は元々何と呼ばれていましたか。
デコレーション・デー。

※第1段落の2文目に注目しましょう。

(2) 第2段落　ジョン・ローガン陸軍大将は何月何日を戦没者追悼の日と決めましたか。
5月30日。

※第2段落2文目に注目しましょう。

(3) 第3段落　国のために犠牲になった人々のために多くのコミュニティは何をしますか。
多くのコミュニティは行進、バーベキュー、コンサートを催します。

※第3段落の1文目に注目しましょう。

(4) 第4段落　アメリカ議会は2000年12月にどのような法律を可決しましたか。
アメリカ人全員が毎年戦没者追悼の日の午後3時に立ち止まり、1分間の黙祷をおこないます。

※第4段落の2～3文目に注目しましょう。

■ 次の日本文を英語に訳して下さい。
(1) リンドン・ジョンソン大統領は、ニューヨーク州のウォータールーをこの愛国的な休日の正式な発祥地と宣言しました。

リンドン・ジョンソン　Lyndon Johnson　　ウォータールー　Waterloo

President Lyndon Johnson declared Waterloo, New York to be the official birthplace of this patriotic holiday.

※第1段落の最後の1文を参照しましょう。

(2) しかしどの公吏が最初にこの国民的休日を制定したのかは明らかです。

公吏　public official

It is clear, however, which public official originally established this national holiday.

※第2段落の1文目を参照しましょう。

(3) その休日の意義はアメリカの戦争で命を落としたすべてのアメリカ人兵士に対して敬意を示すことになりました。

意義　meaning　　敬意を示す　honor

The meaning of the holiday grew to honor all U.S. soldiers that died in the nation's wars.

※第2段落の最後から2文目を参照しましょう。

(4) この法律は、毎年戦没者追悼の日の午後 3 時に立ち止まり、1 分間の黙祷をおこなうことをすべてのアメリカ人に要請しています。

　　　　　立ち止まる　pause　　1 分間の黙祷をおこなう　hold one minute of silence

This law calls for all Americans to pause and hold one minute of silence at 3 p.m. local time each Memorial Day.

※第 4 段落の最後から 2 文目を参照しましょう。

第 4 章

第 1 段落

　7 月 4 日はアメリカのすべての祝日の中でおそらく最も広範にお祝いされるめでたい日ですが、1776 年 7 月 4 日はアメリカが独立国として誕生した日を表しています。1607 年、バージニアのジェームズタウンに最初のイギリス領植民地が建設され、それは当時新世界と呼ばれた地域へ英語が拡散する起源を意味しました。ジェームズタウン植民地の建設後も何年間にもわたり、新しい生活を希求するより多くの入植者が大西洋を越える危険な航海をしました。17 世紀の終わりまでに、現在のメイン州からサウス・カロライナ州に至る大西洋岸のほとんどで、英語の話される植民地がすでに建設されていました。

第 2 段落

　多くのイギリス人入植者が内陸へ移動するにつれて、海岸沿いの植民地は発展し、人口も増加しました。多くの人が 7 月 4 日の独立宣言を民主的自治の誕生と同一視する一方で、人類は多数決によって自治をおこなうことができるという概念は 1620 年のメイフラワー誓約と名付けられた文書の作成とともに始まりました。メイフラワー誓約は、100 名近くのピルグリム・ファーザーズを「ニュー・プリマス」（現在のマサチューセッツ州ケープコッド近くのプリマス）へと運んだメイフラワー号に由来しており、当時の女性は男性と同等の法的権限を認められなかったため、プリマス植民地の男性によって署名されました。メイフラワー誓約の中で、民主的統治制度の法的枠組みが記述され、プリマス植民地の男性は必要性を感じたときに集まって法律をつくる権利を認められました。

第 3 段落

　集会という基本的権利と多数決の実践はアメリカの入植者の政治哲学に影響を与えました。1773 年までに、多くのアメリカ人入植者にとって、政治的および経済的状況は望ましくないものになっていました。イギリス国王によって、多くの税金と植民地の自治に対する抑圧的な制約が入植者に課されました。1773 年 12 月 16 日、自由の息子達と呼ばれる政治的活動家の集団がボストン港に停泊していたイギリスの商船を襲撃しました。彼らの多くは先住民に扮し、不意に商船に乗り込み、茶への高課税に対する抗議として船の茶の積み荷を海に投げ捨てました。その事件の後、イギリスの不人気な植民地支配にうんざりしていた多くのアメリカ人入植者の間で、「代表なくして課税なし」という標語が流行しました。

第4段落

　入植者とイギリス当局との間の関係は1775年4月19日まで悪化していき、その日、マサチューセッツ邦のレキシントンとコンコードで、植民地の民兵とイギリス軍の間で戦闘が勃発しました。レキシントンとコンコードの戦いでイギリス国王は植民地に対して絶対的権威を行使する決意を強め、アメリカの植民地に対してより抑圧的な法律が可決されました。最終的に、多くの議論の末に大陸会議は1776年7月4日に独立宣言書に署名をしました。この文書に署名した後、地元の植民地当局のイギリス君主制に対する忠誠は正式に終わりを迎えました。しかし、この文書への署名の後も、アメリカ人入植者とイギリス軍との間でずっと多くの戦闘がありました。これらの戦闘は、アメリカ革命戦争として知られるようになり、1784年のパリ条約への正式な署名によってアメリカの13の植民地が最終的に完全な独立を認められるまで続きました。

第5段落

　独立宣言書に実際に署名された日付に関して、今でも不確実なことがあります。7月4日の数週間後まで多くの代表がその文書に署名しなかったことを指摘する人もいます。それでも7月4日はアメリカ市民が彼らの独立と民主的伝統に歴史を通じて感謝してきた日です。全米の町や街では、行進、地元のお祭り、コンサート、そして最も共通しておこなわれる花火の打ち上げによってこの日をお祝いします。独立記念日はアメリカ市民が実際の日付に休日を祝う4日間のうちの1日です。

■ 次の重要単語の意味を書いて下さい。

(1) birth　　　　　　　（　　　　誕生　　　　）
(2) signify　　　　　　（　　　　意味する　　）
(3) settler　　　　　　（　　　　入植者　　　）
(4) transport　　　　　（　　　　運ぶ　　　　）
(5) anchor　　　　　　 （　　　　停泊させる　）
(6) representation　　 （　　　　代表　　　　）
(7) worsen　　　　　　 （　　　　悪化する　　）
(8) absolute　　　　　 （　　　　絶対的な　　）
(9) declaration　　　　（　　　　宣言　　　　）
(10) tradition　　　　 （　　　　伝統　　　　）

■ 次の重要用語の意味とその内容を書いて下さい。

Mayflower　　日本語訳　（　　　　　　メイフラワー号　　　　　　）
　　　　　　 簡単な説明（100名近くのピルグリム・ファーザーズをプリマスに運んだ船）
　　　　　　　　　　　　　　　　　　　　　※第2段落3文目を参照しましょう。

Sons of Liberty　日本語訳　（　　　　　　自由の息子達　　　　　　）

	簡単な説明	（ 1773年12月16日にイギリス商船を襲撃した政治集団 ）

※第3段落4文目を参照しましょう。

Lexington	日本語訳	（ レキシントン ）
	簡単な説明	（ 1775年4月19日にアメリカ革命戦争が起こった場所 ）

※第4段落1文目を参照しましょう。

■ 次の英文を下線部に注意をして日本語に訳して下さい。

(1) In the Mayflower Compact, the legal framework for a democratic system of government was described.
メイフラワー誓約の中で民主的統治制度の法的枠組みが記述されました。

※第2段落の最後の文を参照しましょう。

(2) Many taxes and oppressive restrictions on colonial self-governance were imposed upon the colonists by the British monarchy.
イギリス国王によって、多くの税金と植民地の自治に対する抑圧的な制約が入植者に課されました。

※第3段落3文目を参照しましょう。

(3) The allegiance of local colonial authorities to the British monarchy was formally ended after the signing of this document.
この文書に署名した後、地元の植民地当局のイギリス君主制に対する忠誠は正式に終わりを迎えました。

※第4段落4文目を参照しましょう。

■ エッセイの内容に関して、以下の設問に答えて下さい。

(1) 第1段落　イギリスの最初の北米植民地はどこに建設されましたか。
バージニアのジェームズタウン。

※第1段落2文目に注目しましょう。

(2) 第2段落　メイフラワー誓約は誰によって署名されましたか。
プリマス植民地の男性。

※第2段落の最後から2文目に注目しましょう。

(3) 第3段落　自由の息子達と呼ばれる政治集団は1773年12月16日に何をしましたか。
1773年12月16日、ボストン港に停泊していたイギリスの商船を襲撃し、積み荷の茶を海中に投げ捨てました。

※第3段落の4〜5文目に注目しましょう。

(4) 第4段落　レキシントンとコンコードでアメリカ革命戦争が始まったのはいつですか。

1775年4月19日。

※第4段落1文目に注目しましょう。

(5) 第5段落　多くの代表者はいつ独立宣言書に署名しましたか。

7月4日の数週間後。

※第5段落の2文目に注目しましょう。

■ 次の日本文を英語に訳して下さい。

(1) 1607年、バージニアのジェームズタウンに最初のイギリス領植民地が建設されました。

　　　バージニア　Virginia　　ジェームズタウン　Jamestown

In 1607, the first British colony was established at Jamestown, Virginia.

※第1段落の2文目を参照しましょう。

(2) 当時、女性は男性と同じ法的権限を与えられませんでした。

　　　法的権限　legal authority　　与える　grant

Women were not granted the same legal authority as men in those days.

※第2段落の最後から2文目を参照しましょう。

(3) 1773年までに、多くのアメリカ人入植者にとって、政治的および経済的状況は望ましくないものになっていました。

　　　アメリカ入植者　colonial Americans　　望ましくないもの　undesirable

By 1773, the political and economic conditions had become undesirable for many colonial Americans.

※第3段落の2文目を参照しましょう。

(4) レキシントンとコンコードで、植民地の民兵とイギリス軍の間で戦闘が勃発しました。

　　　レキシントン　Lexington　　コンコード　Concord　　民兵　militiamen

Fighting broke out between colonial militiamen and the British military at Lexington and Concord.

※第4段落の1文目を参照しましょう。

(5) 7月4日はアメリカ市民が彼らの独立と民主的伝統に歴史を通じて感謝してきた日です。

　　　歴史を通じて　historically　　感謝する　appreciate

July 4th is the day on which U.S. citizens have historically appreciated their independence and democratic traditions.

※第5段落の3文目を参照しましょう。

第 5 章

第 1 段落

　労働者の日は、アメリカ人の家族が満喫する最後の夏季休日であるとしばしば見なされる国民の休日です。しかし、この休日がどのようにして成立したのかを見ることで、はるかに示唆に富む効果がもたらされます。産業革命の到来により、アメリカの大衆は綿織機のような現代的技術を与えられるとともに、アメリカ社会では分業といった製造業における先進的な慣習が可能になりました。しかしこの新しい産業時代において高進する日常生活にも多くの不利益があります。

第 2 段落

　そのような不利益の 1 つが労働安全の低下です。仕事場に次々と機械を導入することは、労働者個人が怪我をする危険性が高まることを意味しました。別の不利益として仕事の予定があります。競争相手よりも生産的であろうとする争いにおいて、事業主は彼らの従業員がいよいよ少なくなる給与でより長い労働時間に耐えるべきであると信じていました。また多くの事業が競争力を維持するために子供の労働力を利用しました。その結果、多くの労働者が団結してこれらの悪化する労働環境に抗議し始めました。そのようなデモの 1 つが 1886 年 5 月 4 日にイリノイ州シカゴのヘイマーケット広場で発生し、暴力事件になりました。デモ参加者は、工場主が彼らの労働時間を 8 時間に短縮し、賃金の値上げをおこなうべきであると信じていました。しかしデモの最中、参加者の一人がデモを解散させていた警官隊に対して突然爆弾を投げつけました。その暴力行為により数名の警官と市民が死亡し、何十名もの人が負傷しました。

第 3 段落

　この出来事は国民の注意をアメリカ国内での組織的な労働運動へと向けました。多くの人がこれらの労働組織を信用せずに異なる戦術を選択すべきであると信じたとき、多くのアメリカ人の意見は分かれました。その一方で、多くのアメリカ人は、急速に困難になっていく労働状況に抗議していた労働者に同情するとともに、労働者は企業城下町でより良い生活水準を享受すべきであると信じました。全米の町や街の地元の政府は、労働者階級人口の骨の折れるような作業予定を楽にできるよう休日を制定する法案を可決し始めました。それでも企業があまりにもわずかな給料で過酷な作業予定を設定する事例が依然として多くありました。

第 4 段落

　1894 年、プルマン・カンパニーで働いていた鉄道労働者は、労働時間の減少や社宅の家賃の割引もなく、賃金の値下げを受けました。その結果、全米でのストライキが計画され、国内通商が混乱したため、グロヴァー・クリーヴランド大統領は、スト参加者を解散させて全米の鉄道が支障なく運行されるため

に、アメリカ陸軍を投入することを決断しました。この軍事介入は多くの市民の死亡と負傷とともに終わりました。クリーヴランド大統領と議会は、スト参加者を解散させるためにアメリカ陸軍を使用したことで生じた人的損害をめぐる政治的不人気を改善することを望みました。そこで、1894年6月28日、労働者の日が国民の休日として正式に制定されました。労働者の日はほとんど最後の夏季休日として見なされてきた一方、多くの町や街が行事を催し、その中で公務員や労働運動指導者は、アメリカ人労働者の功績や労働と余暇の適正かつ正当な均衡が維持される必要性について話すことができます。

■ 次の重要単語の意味を書いて下さい。

(1) advent　　　　　　（　　　　到来　　　　）
(2) disadvantage　　　（　　　　不利益　　　）
(3) introduction　　　（　　　　導入　　　　）
(4) competition　　　 （　　　競争・競争相手　）
(5) protest　　　　　 （　　　　抗議する　　　）
(6) sympathize　　　　（　　　　同情する　　　）
(7) oppressive　　　　（　　　　過酷な　　　　）
(8) suffer　　　　　　（　　　こうむる・受ける　）
(9) intervention　　　（　　　　介入　　　　　）
(10) accomplishment　 （　　　　功績　　　　　）

■ 次の重要用語の意味とその内容を書いて下さい。

Haymarket Square　日本語訳　（　　　　ヘイマーケット広場　　　　）
　　　　　　　　　簡単な説明　（1886年5月4日に労働者デモが発生した広場）
　　　　　　　　　　　　　　　　　　　　　　　※第2段落の6文目に注目しましょう。

Pullman Company　日本語訳　（　　　　プルマン・カンパニー　　　　）
　　　　　　　　　簡単な説明　（1894年に労働者がストをおこなった鉄道会社）
　　　　　　　　　　　　　　　　　　　　　　　※第4段落の1〜2文目に注目しましょう。

■ 次の英文を下線部に注意をして日本語に訳して下さい。

(1) Business owners believed their workers should endure longer working hours with less and less pay.
事業主は彼らの従業員がいよいよ少なくなる給与でより長い労働時間に耐えるべきであると信じていました。

※第2段落の4文目を参照しましょう。should〜は「〜すべきである」という意味の助動詞です。longerはlongの比較級で、「より長い」という意味。less and lessは「ますます少ない」という意味です。

(2) Yet, there were still many cases in which business would set oppressive schedules with too meager pay.

それでも企業があまりにもわずかな給料で過酷な作業予定を設定する事例が依然として多くありました。

※第3段落の最後の文を参照しましょう。would は未来を表す助動詞 will の過去形です。

(3) Public officials and labor leaders can speak about the accomplishments of the American worker.
公務員や労働運動指導者はアメリカ人労働者の功績について話すことができます。

※第4段落の最後の文を参照しましょう。can は可能の意味を持つ助動詞です。

■ エッセイの内容に関して、以下の設問に答えて下さい。
(1) 第1段落　労働者の日はしばしばどのように見なされていますか。
アメリカ人の家族が満喫する最後の夏季休日であるとしばしば見なされています。

※第1段落の1文目を参照しましょう。

(2) 第2段落　1886年5月4日のヘイマーケット広場でのデモで何が起こりましたか。
参加者の一人がデモを解散させていた警官隊に対して突然爆弾を投げつけました。

※第2段落の最後から2文目を参照しましょう。

(3) 第3段落　労働者階級人口の骨の折れるような作業予定を楽にできるよう、どのような措置がとられましたか。
全米の町や街の地元の政府が休日を制定する法案を可決し始めました。

※第3段落の最後から2文目を参照しましょう。

(4) 第4段落　労働者の日はいつ国民の休日として制定されましたか。
1894年6月28日。

※第4段落の4文目を参照しましょう。

■ 次の日本文を英語に訳して下さい。
(1) 産業革命の到来により、アメリカの大衆は現代的技術を与えられました。

産業革命　Industrial Revolution　　大衆　public

The advent of the Industrial Revolution was able to provide the American public with modern technology.

※第1段落の3文目を参照しましょう。Be 動詞 + able to ～で「～することができる」という意味です。

(2) デモ参加者は工場主が彼らの労働時間を8時間に短縮すべきであると信じていました。

工場主　factory owners　　短縮する　shorten　　労働時間　workday

The demonstrators believed factory owners ought to shorten their workday to eight hours.

※第2段落の4文目を参照しましょう。ought to ～は should 同様に「～すべきである」という意味です。

(3) 多くのアメリカ人は急速に困難になる労働状況に抗議していた労働者に同情しました。

　　　　同情する　sympathize with　　急速に　increasingly

Many Americans sympathized with the workers who were protesting increasingly difficult work conditions.

※第3段落の3文目を参照しましょう。

(4) この軍事介入は多くの市民の死亡と負傷とともに終わりました。

　　　　介入　intervention

This military intervention ended with the deaths and injuries of many civilians.

第6章

第1段落

　全米の小学校で生徒はアメリカ史の基本的な一定の出来事について教えられます。そのような出来事の1つが、それまでのヨーロッパからアジアへの航路よりも短距離かつ容易な航路を探していたクリストファー・コロンブスが1492年に北米を「発見」したことです。しかし、バイキングの探検家だったレイフ・エリクソンがコロンブスよりもずっと早くに北米を発見していたという証拠があります。そのため、エリクソンは西暦1000年頃に北米を発見した最初のヨーロッパ人であるとしばしば見なされます。後に彼は遠征隊を率いて、西暦1000年頃に北米大陸の現在のカナダのニューファンドランド島にあたる地域に入植しました。バイキングはその地域をヴィンランドと呼び、小さい植民地を築きました。しかし地元の先住民の部族との関係は良好ではなく、バイキングは最終的にその植民地を放棄してグリーンランドかアイスランドに戻りました。このため、1492年のコロンブスの北米への航海はエリクソンの話よりもずっと有名です。

第2段落

　コロンブスは1450年か1451年にイタリアのジェノバで生まれ、15歳ごろから若年期の多くを航海に費やしました。1470年に彼の船はポルトガルの近くでフランス人海賊に襲撃されましたが、海岸に漂着することで彼はこの襲撃を生き延びることができました。彼はポルトガルのリスボンでそれまでよりも静かで安全な生活を送ることを決意しました。彼がラテン語、ポルトガル語、数学、歴史、地理、天文学、航海術といった多くの教科を勉強したのはポルトガルにおいてでした。そのような勉強によって、彼はそれまでより自信にあふれる船乗りになるとともに、地球の大きさに関する彼の理論も影響を受けました。

第3段落

　コロンブスが生まれるまでに、ヨーロッパ人と中央・東アジアの民族の間ですでに接触がおこなわれていました。すでに確立された古い交易路がありましたが、それらは長い上にしばしば危険を伴いまし

た。コロンブスはアフリカの南海岸を回る航路よりもずっと安全で短距離の航路を見つけることができると確信しました。彼は、ヨーロッパから直接西へ向かって航海することで大西洋の反対側にあるアジアに到達することができると信じていました。彼は独力で手に入れることができたよりもはるかに多くの資金と資源を必要としたため、アジアへの新たな航路を確立するのに必要な支援を確保しようとポルトガルとイギリスの君主に謁見しました。彼は両国の君主から門前払いの扱いを受けましたが、彼が希望を失うことはありませんでした。

第4段落

　最終的にコロンブスは、アラゴン王国の国王フェルディナンド2世とカスティーリャ王国の女王イザベラ1世がこれまで話をしてきた人々よりもずっと新しい考えに寛容であることに気づきました。ついに1492年にフェルディナンド2世とイザベラ1世は、コロンブスが必要としていた資金の残りを貸し付けるとともに、コロンブスが新たに発見したあらゆる領土を統治し、航海から生じる全利益の一定割合を受け取ることを許可しました。コロンブスは1492年9月6日にニーニャ号、ピンタ号、サンタマリア号と呼ばれた3隻の船でカナリア諸島を出発しました。約6週間にわたって大西洋を西に向かって航海した後、コロンブスと彼の船員は10月12日に現在のバハマ諸島に陸地を発見しました。彼の遠征隊は航海を続け、現在のキューバやイスパニョーラ島（ドミニカ共和国とハイチの位置する島）といったその他の多くの島嶼を発見しました。残念ながら、コロンブスの航海には大きな妨げがありました。サンタマリア号はクリスマスの日に座礁してしまい、彼とサンタマリア号の船員はずっと小さいニーニャ号でスペインに戻らなければなりませんでした。発見の証拠として、コロンブスは地元の先住民を何名か捕えてスペイン君主と非常に驚いたヨーロッパ人に披露しました。彼らはついにコロンブスをそれまでより尊敬するようになり、彼の新世界への将来的な遠征を支援しました。

第5段落

　1700年代からアメリカの多くの地元のコミュニティはコロンブスの遠征の成功を祝っていました。多くのイタリア系アメリカ人は、コロンブスがイタリア人だったという事実を誇らしく指摘するとともに、コロンブス・デーを、イタリア系アメリカ人の遺産と彼らのアメリカ社会への貢献を祝うパレードとお祭りを催す機会と見なしています。最終的に1937年にアメリカ政府はコロンブス・デーを国民の休日にしました。コロンブスが北米への航海中に多くの先住民を虐待し奴隷にしたことに関して依然として論争がある一方で、より多くのアメリカ市民が、北米が発見された記念日かつ新世界へのヨーロッパ人の移住の起源としてコロンブス・デーを今日でもお祝いしています。

■ 次の重要単語の意味を書いて下さい。

(1) discovery　　　　　（　　　　発見　　　　）
(2) expedition　　　　 （　　遠征・遠征隊　　）
(3) abandon　　　　　 （　　　放棄する　　　）

(4) voyage　　　　　　　（　　　航海　　　）
(5) survive　　　　　　　（　　生き延びる　　）
(6) convinced　　　　　　（　　確信して　　　）
(7) monarch　　　　　　　（　　　君主　　　）
(8) open-minded　　　　　（　新しい思想に寛容な　）
(9) capture　　　　　　　（　　捕える　　　）
(10) contribution　　　　　（　　　貢献　　　）

■ 次の重要用語の意味とその内容を書いて下さい。

Leif Erikson　　　　日　本　語　訳　（　　　　レイフ・エリクソン　　　　）
　　　　　　　　　　簡単な説明　　（1000年頃に北米を発見した最初のヨーロッパ人）
　　　　　　　　　　　　　　　　　　　　　※第1段落の4文目に注目しましょう。

Christopher Columbus　日　本　語　訳　（　　クリストファー・コロンブス　　）
　　　　　　　　　　簡単な説明　　（　1492年にバハマ諸島を発見したイタリア人　）
　　　　　　　　　　　　　　　　※第2段落の1文目と第4段落の4文目を参照しましょう。

Santa Maria　　　　日　本　語　訳　（　　　　サンタマリア号　　　　）
　　　　　　　　　　簡単な説明　　（　コロンブスが航海に使った船の1隻　）
　　　　　　　　　　　　　　　　　　　　　※第4段落の3文目に注目しましょう。

■ 次の英文を下線部に注意をして日本語に訳して下さい。

(1) There is evidence, however, that Viking explorer Leif Erikson discovered North America much <u>earlier than</u> Christopher Columbus.

しかし、バイキングの探検家だったレイフ・エリクソンがコロンブスよりもずっと早くに北米を発見していたという証拠があります。

※第1段落の3文目を参照しましょう。much は比較級 earlier を修飾する副詞で、「ずっと・はるかに」と訳します。

(2) Columbus needed much <u>more</u> money and materials <u>than</u> he could acquire on his own.

コロンブスは独力で手に入れることができたよりもはるかに多くの資金と資源を必要としていました。

※第3段落の5文目を参照しましょう。ここでの than は関係代名詞的な役割を果たします。On one's own は「独力で」という意味の熟語。

(3) Columbus and the crew of the Santa Maria had to sail back to Spain on the much <u>smaller</u> Nina.

コロンブスとサンタマリア号の船員はずっと小さいニーニャ号でスペインに戻らなければなりませんでした。

※第4段落の最後から2文目を参照しましょう。この文では than が書かれていませんが、Nina 号が Santa Maria 号と比べて「ずっと小さかった」と考えましょう。

◼ エッセイの内容に関して、以下の設問に答えて下さい。

(1) 第1段落　なぜバイキングは北米の入植地を放棄しましたか。
地元の先住民部族との関係が良くなかったから。

※第1段落の最後から2文目に注目しましょう。

(2) 第2段落　コロンブスはどこで数学や天文学を勉強しましたか。
ポルトガル。

※第2段落の4文目に注目しましょう。

(3) 第3段落　コロンブスはヨーロッパから西へ航海することでどうなると考えていましたか。
大西洋の反対側にあるアジアに到達することができると考えていた。

※第3段落の4文目に注目しましょう。

(4) 第4段落　コロンブスの航海に必要な資金を提供したのは誰ですか。
アラゴン王国の国王フェルディナンド2世とカスティーリャ王国の女王イザベラ1世。

※第4段落の1～2文目を参照しましょう。

(5) 第5段落　アメリカ政府はいつコロンブス・デーを国民の休日にしましたか。
1937年。

※第5段落の3文目に注目しましょう。

◼ 次の日本文を英語に訳して下さい。

(1) 全米の小学校で生徒はアメリカ史の基本的な一定の出来事について教えられます。
　　　　　全米の　across the U.S.　　小学校　elementary school　　一定の　certain
In elementary schools across the U.S., students are taught certain basic events in American history.

※第1段落の1文目を参照しましょう。

(2) 1470年に彼の船はポルトガルの近くでフランス人海賊に襲撃されました。
　　　　　ポルトガル　Portugal　　海賊　pirate　　襲撃する　attack
In 1470, his ship was attacked by French pirates near Portugal.

※第2段落の2文目を参照しましょう。

(3) コロンブスはその二人の君主に追い払われましたが、彼は希望を失いませんでした。

   君主　monarch　　追い払う　turn away

Columbus was turned away by the two monarchs but he did not give up hope.

※第3段落の最後の文を参照しましょう。

(4) コロンブスの遠征隊は航海し続け、多くの島を発見しました。

   遠征隊　expedition　　航海する　sail

Columbus's expedition continued to sail and discover many islands.

※第4段落の5文目を参照しましょう。

(5) 多くのイタリア系アメリカ人がコロンブスはイタリア人であったという事実を誇らしく指摘してきました。

   イタリア系アメリカ人　Italian Americans　　指摘する　point out

Many Italian Americans have proudly pointed out the fact that Columbus was Italian.

※第5段落の2文目を参照しましょう。

第7章

第1段落

 退役軍人の日は毎年暦上の同じ日付に実際に祝われるアメリカの国民休日の1つです。アメリカ人が毎年同じ日にこの休日を祝う理由は、軍隊の歴史に深く根ざしています。この休日は、1918年の「11番目の月の11番目の日の11番目の時刻」（つまり1918年11月11日午前11時）の第一次世界大戦の終結を記念するため、元々「休戦記念日」と呼ばれていました。

第2段落

 この日付の一周年に際し、当時のウッドロウ・ウィルソン大統領はその日付の重要性を公に認め、以下のように発言しました。

  「われわれ、アメリカ人にとって、休戦記念日を再考することは、国家への奉仕の中で命を落とした人々の英雄的行為に対する厳粛な誇りと、先の大戦での勝利に対する感謝の念で満たされることでしょう。なぜなら、その勝利によってわれわれが自由になったものゆえであり、またその勝利によってアメリカは戦後の国際会議で平和と正義に対する共感を示す機会を得たからです。」

第一次世界大戦に従軍した退役軍人に対する敬意を示すため、最終的にアメリカ議会は1938年にこの国民休日を制定しました。1954年になると、アメリカ議会は退役軍人の日の意義を拡大する必要性を認識し、第二次世界大戦と朝鮮戦争に従軍したアメリカ人の退役軍人も敬意の対象に含まれるようになりました。

第3段落

　ベトナム戦争中の1968年、アメリカ議会は退役軍人の日に再び変更を加えることを決定し、アメリカ市民は統一休日法案の下で3日間の週末休みを享受できるようになりました。その結果、退役軍人の日は10月の第4月曜日に移動され、多くの人々が第一次世界大戦の終結した実際の日付の重要性を忘れ始めました。この歴史的な出来事の重要性をアメリカ人に忘れさせないため、ジェラルド・フォード大統領は退役軍人の日を1978年から元々の11月11日に戻す法案に署名しました。

第4段落

　多くのアメリカ市民は当然ながら退役軍人の日と戦没者追悼の日を混同してしまいますが、退役軍人の日は存命中のアメリカ人兵士に公的に敬意を示す日である一方、戦没者追悼の日はアメリカ市民が自国への奉仕の中で命を落としたアメリカ人兵士を公に思い出す日であることを覚えておくことは重要です。今日、全米の多くの町や街で、戦時と平時に軍役に服した退役軍人でいっぱいの行列がおこなわれます。多くの退役軍人組織は公の場での演説を準備し、その演説で退役軍人は、戦争の困苦を説明するとともに、彼らが共に戦った仲間の兵士の行動に示されるように、戦闘中の印象的かつ勇敢な記憶を明らかにします。そのような演説の多くで、多くの退役軍人が軍役後に市民の生活に戻って依然として直面している挑戦に言及されます。退役軍人の日は、多くのアメリカ市民によって崇敬されている日であり、非常に多くのアメリカ人兵士が戦いによって保証してきた民主主義的社会と市民的自由に公に感謝する方法でもあります。

■ 次の重要単語の意味を書いて下さい。

(1) veteran　　　　　　（　　　　退役軍人　　　　）
(2) observe　　　　　　（　　　　祝う　　　　　　）
(3) commemorate　　　（　　　　記念する　　　　）
(4) significance　　　　（　　　重要性・意義　　　）
(5) solemn　　　　　　（　　　　厳粛な　　　　　）
(6) gratitude　　　　　（　　　　感謝の念　　　　）
(7) modify　　　　　　（　　　　変更する　　　　）
(8) understandably　　（　　　　当然ながら　　　）
(9) hardship　　　　　（　　　　困苦　　　　　　）
(10) revere　　　　　　（　　　　崇敬する　　　　）

■ 次の重要用語の意味とその内容を書いて下さい。

Veterans Day　　日本語訳　（　　　　　　退役軍人の日　　　　　　　　）
　　　　　　　　日本語訳　（　存命中のアメリカ人兵士に公的に敬意を示す日　）
　　　　　　　　　※第4段落の1文目に、Veterans Dayに関する説明を見つけることができます。

解答・日本語訳　77

Armistice Day	日本語訳	（　　　　　　　休戦記念日　　　　　　　　）
	簡単な説明	（　　第一次世界大戦の終結を記念する日　　）

※第1段落の3文目に、Armistice Day に関する説明を見つけることができます。

Memorial Day	日本語訳	（　　　　　戦没者追悼の日　　　　　　　）
	簡単な説明	（軍役中に命を落としたアメリカ人兵士を公に思い出す日）

※第4段落の1文目に、戦没者追悼の日に関する説明を見つけることができます。

■ 次の英文を下線部に注意をして日本語に訳して下さい。

(1) Veterans Day is one of the U.S. national holidays <u>that</u> are actually observed on the same calendar date each year.

退役軍人の日は毎年暦上の同じ日付に実際に祝われるアメリカの国民休日の1つです。

※下線部の that は関係代名詞で、先行詞は holidays になります。

(2) Many people started to forget the significance of the actual date <u>on which</u> the fighting of World War I came to an end.

多くの人々が第一次世界大戦の終結した実際の日付の重要性を忘れ始めました。

※下線部の on which は前置詞つきの関係代名詞で、which の先行詞は date になります。

(3) Memorial Day is a day <u>in which</u> citizens publicly remember those U.S. soldiers <u>who</u> died in service to their country.

戦没者追悼の日はアメリカ市民が自国への奉仕の中で命を落としたアメリカ人兵士を公に思い出す日です。

※下線部の in which は前置詞つきの関係代名詞で、先行詞は day になります。

■ エッセイの内容に関して、以下の設問に答えて下さい。

(1) 第1段落　退役軍人の日は元々どのような日でしたか。

第一次世界大戦の終結を記念するための日。

※第1段落の3文目に注目しましょう。

(2) 第2段落　退役軍人の日が国民休日に制定されたのはいつですか。

1938年。

※第2段落の Later から始まる文に注目しましょう。

(3) 第3段落　退役軍人の日が10月の第4月曜日から元々の11月11日に戻されたのはなぜですか。

第一次世界大戦の終結という歴史的出来事の重要性をアメリカ市民に忘れさせないため。

※第3段落の最後の文に注目しましょう。

(4) 第4段落　退役軍人の日と戦没者追悼の日の違いは何ですか。

退役軍人の日は存命中のアメリカ人兵士に公的に敬意を示す日である一方、戦没者追悼の日はアメリカ市民が自国への奉仕の中で命を落としたアメリカ人兵士を公に思い出す日。

※第4段落の1文目に注目しましょう。

■ 次の日本文を英語に訳して下さい。

(1) アメリカ人が毎年同じ日にこの休日を祝う理由は軍隊の歴史に深く根ざしています。

　　　深く根ざしている　firmly rooted

The reason for which Americans celebrate this holiday on its fixed date is one that is firmly rooted in military history.

※第1段落の2文目を参照しましょう。

(2) 1954年になると、アメリカ議会は退役軍人の日の意義を拡大する必要性を認識しました。

　　　意義　meaning

In 1954, U.S. Congress recognized the need to expand the meaning of Veterans Day.

※第2段落の最後の文を参照しましょう。

(3) ベトナム戦争中の1968年、アメリカ議会は退役軍人の日に再び変更を加えることを決定しました。

　　　ベトナム戦争中　during the Vietnam War

During the Vietnam War, U.S. Congress decided once again in 1968 to modify Veterans Day.

※第3段落の最初の文を参照しましょう。

(4) 戦没者追悼の日はアメリカ市民が自国への奉仕の中で命を落としたアメリカ人兵士を公に思い出す日です。

　　　戦没者追悼の日　Memorial Day　　自国への奉仕　service to one's country

Memorial Day is a day in which citizens publicly remember those U.S. soldiers who died in service to their country.

※第4段落の最初の文を参照しましょう。

第8章

第1段落

　幼い頃からアメリカの子供は、現在のマサチューセッツ州にあたるプリマス植民地のピルグリム・ファーザーズと、彼らが1621年の最初の収穫後に感謝祭を祝った話を教わります。しかしこの出来事は本当に北米で祝われた最初の感謝祭だったのでしょうか。この毎年おこなわれるアメリカ的伝統の起源がピルグリム・ファーザーズにあるのか、それともこの祝日が1621年秋のピルグリム・ファーザーズの宴会から派生したものなのかに関して、いまだに不確実なことがある程度残されています。スペイン人

の入植者がそれまでにすでにフロリダで感謝祭を実践していたようであるという証拠もあります。また、ジェームズタウンのイギリス人入植者が 1607 年に無事にバージニアに到着した後にすでに正式な感謝祭を祝っていたことを示す歴史的記録もある程度存在します。

第 2 段落

　このことは、プリマス植民地のピルグリム・ファーザーズが感謝祭を確立したわけではないことを意味するでしょうか。歴史が示していることは、ピルグリム・ファーザーズが実際に 3 日間の宴会を祝い、彼らの植民地の生存にあまりにも不可欠だった食料が増え収穫できたことに対する感謝を捧げたということです。しかし 1622 年の収穫量はそれほど豊富ではなく、入植者は再び苦労することになりました。最終的に、1623 年に長期の日照りの後に突然の暴風雨が吹き荒れ、植民地総督のウィリアム・ブラッドフォードは 1623 年 6 月 30 日に植民地の住民が生活状況の向上のために神に感謝することを宣言しました。これは北米のイギリス人入植史において政府が感謝を捧げる日を宣言したことを示す最初の例です。

第 3 段落

　この事実に多くのアメリカ人は驚くかもしれませんし、どのようにして感謝祭は国民の祝日として確立されたのか、またなぜ 11 月の第 4 木曜日がその祝日の正式な日に選ばれたのかを疑問に思うかもしれません。多くの植民地コミュニティは入植者が全員の生活における祝福を感謝するための日を設定するという伝統を続けましたが、各コミュニティがそれぞれの祝福日を選びました。アメリカが 1776 年に正式に独立を宣言した後、1777 年に大陸会議が最初の国家的な感謝祭を予定しました。1789 年 10 月 3 日、建国の父であり初代大統領のジョージ・ワシントンは、独立間もない共和国の市民に正式に呼びかけ、同年 11 月 26 日の木曜日に「公的な感謝と祈りの日」を催すことを要請しました。

第 4 段落

　ワシントン大統領は国家的な感謝祭を正式に宣言した最初の大統領ですが、その後の各大統領は毎年同じことをするかどうか、いつするかを決めなければなりませんでした。結局、国家的な感謝祭は 1816 年までに流行遅れになり、それぞれの州が独自に感謝祭を宣言して祝い始め、それは 1862 年まで続きました。有名な女性活動家であり、新聞編集者でもあった、サラ・ジョージーファ・ヘールは、エイブラハム・リンカーン大統領に国家的な感謝祭が祝われるよう要請するよう訴えました。彼女の努力は成功し、リンカーン大統領は、ジョージ・ワシントンに倣って、11 月の最後の木曜日を国家的な感謝祭にすることを公式に要請しました。しかし、フランクリン・D・ルーズベルト大統領は、毎年その日に感謝祭を祝うことを要請する大統領の慣習を変えようと試み、クリスマスの商戦期を延長することで 1939 年と 1940 年の経済を向上させるための方法として、感謝祭を 1 週間前倒しすることを望みました。それに対して、1941 年にアメリカ議会は、感謝祭を毎年 11 月の最終木曜日に祝う国民の祝日として確立することを承認する法律を最終的に可決しました。

第 5 段落

　感謝祭に関する非常に基本的な歴史が分かったところで、まだ疑問であることは、アメリカにいる人々がどのように感謝祭を祝うのかということです。毎年恒例のアメリカの大学のフットボールの試合を別にして、アメリカにおいて感謝祭は家族や友人が集まって大きな祝宴を楽しむ日です。何世紀も前にピルグリム・ファーザーズ自身の感謝祭の宴席の料理だった狩猟鳥を記念して、しばしば七面鳥が食されます。その他の伝統的な感謝祭料理には、マッシュポテト、グレービー、ヤムイモ、クランベリーソース、詰め物（たいていまるごとの七面鳥の中に詰めてオーブンで調理します）、そしてデザートにカボチャのパイが含まれます。

■ 次の重要単語の意味を書いて下さい。

(1) present-day　　　　（　　　現在の　　　）
(2) originate　　　　　（　　　起源がある　　）
(3) feast　　　　　　　（　　　宴会・ごちそう　）
(4) plentiful　　　　　（　　　豊富な　　　）
(5) blessing　　　　　（　　　祝福　　　　）
(6) prayer　　　　　　（　　　祈り　　　　）
(7) proclaim　　　　　（　　　宣言する　　　）
(8) well-known　　　　（　　　有名な　　　）
(9) boost　　　　　　 （　　　高める　　　）
(10) commemoration　　（　　　記念　　　　）

■ 次の重要用語の意味とその内容を書いて下さい。

Thanksgiving Day　日 本 語 訳　（　　　　感謝祭　　　　　）
　　　　　　　　　簡単な説明　（家族や友人が集まって大きな祝宴を楽しむ日）
　　　　　　　　　　　　　　　　　※第5段落の2文目に注目しましょう。

George Washington　日 本 語 訳　（　　ジョージ・ワシントン　　）
　　　　　　　　　 簡単な説明　（ アメリカの建国の父・初代アメリカ大統領 ）
　　　　　　　　　　　　　　　　　※第3段落の最後の文に注目しましょう。

Sarah Josepha Hale　日 本 語 訳　（　　サラ・ジョジーファ・ヘール　　）
　　　　　　　　　 簡単な説明　（　　有名な女性活動家・新聞編集者　　）
　　　　　　　　　　　　　　　　　※第4段落の3文目に注目しましょう。

■ 次の英文を下線部に注意をして日本語に訳して下さい。

(1) Each president had to decide whether and when to do the same each year thereafter.
その後の各大統領は毎年同じことをするかどうか、いつするかを決めなければなりませんでした。

※ whether to do … で「…するかどうか」、when to do …で「いつ…するか」と訳します。第4段落の1文目を参照しましょう。

(2) What history shows is that the Pilgrims did, in fact, celebrate a three-day feast to give thanks for the harvest.
歴史が示していることは、ピルグリム・ファーザーズが実際に3日間の宴会を祝い、収穫に感謝ということです。

※ What は名詞節を導き、「すること（もの）」と訳します。第2段落の2文目を参照しましょう。

(3) This fact could cause one to wonder how Thanksgiving Day became established as a national holiday.
この事実ゆえに、どのようにして感謝祭が国民の祝日として確立されたのかを疑問に思うかもしれません。

※ここでの how は「どのように」と訳します。第3段落の1文目を参照しましょう。

■ エッセイの内容に関して、以下の設問に答えて下さい。

(1) 第1段落　1621年以前にフロリダで感謝祭をおこなっていた可能性があるのは誰ですか。
スペイン人入植者。

※第1段落の4文目に注目しましょう。

(2) 第2段落　1623年に長期の日照りの後で何が起こりましたか。
暴風雨が突然やってきました。

※第2段落の4文目に注目しましょう。

(3) 第3段落　大陸会議が最初の国家的な感謝祭を予定したのはいつですか。
1777年。

※第3段落の3文目に注目しましょう。

(4) 第4段落　フランクリン・D・ルーズベルト大統領が感謝祭を1週間前倒ししようとしたのはなぜですか。
感謝祭を1週間前倒しし、クリスマスの商戦期を延長することで、1939年と1940年の経済を向上させようとしたため。

※第4段落の4文目に注目しましょう。

(5) 第5段落　感謝祭には何をしますか。
家族や友人が集まって大きな祝宴を楽しみます。

※第5段落の2文目に注目しましょう。

■ 次の日本文を英語に訳して下さい。
(1) しかしこの出来事は本当に北米で祝われた最初の感謝祭だったのでしょうか。
　　　　　しかし　yet　　祝われた　celebrated
Yet, was this event truly the first Thanksgiving celebrated in North America?

※第1段落の2文目に注目しましょう。

(2) 1623年に長期の日照りの後に突然の暴風雨がやってきました。
　　　　　日照り　drought　　暴風雨　rainstorms
In 1623, rainstorms suddenly arrived after a long period of drought.

※第2段落の4文目に注目しましょう。

(3) この事実ゆえに、なぜ11月の第4木曜日が正式な祝日に選ばれたのかを疑問に思うかもしれません。
　　　　　祝日　day of observance　　疑問に思う　wonder
This fact could cause one to wonder why the fourth Thursday of November was selected as its official day of observance.

※第3段落の1文目に注目しましょう。

(4) アメリカ議会は感謝祭を国民の祝日として確立することを承認する法案を1941年に可決しました。
　　　　　アメリカ議会　U.S. Congress
U.S. Congress finally passed a law in 1941 that would recognize Thanksgiving Day as an established national holiday.

※第4段落の最後の文に注目しましょう。

第9章

第1段落
　クリスマスは世界中のキリスト教徒と非キリスト教徒の両者によって知られている日であると容易に言うことができます。約2000年間、ほとんどのキリスト教徒は12月25日をイエス＝キリストが生まれた日としてお祝いしてきました。しかし、私たちは12月25日がイエス＝キリストの実際の誕生日であると確実に知ることができるでしょうか。イエス＝キリストが実際にいつ生まれたのかに関しては多くの対立する見解があります。

第 2 段落

　ローマ帝国の時代、新年はもちろん、冬季の始まりを示すために多くのお祭りが催されました。ローマ皇帝コンスタンティヌスが西暦 4 世紀にキリスト教に改宗した後では、ローマ帝国をキリスト教化するために、多くの神を信仰し伝統的なローマの休日を祝う古来のローマの慣習は完全に廃止されただろうと人は考えるかもしれません。しかしそのようなことは起こりませんでした。歴史的証拠に依れば、古来の「異教徒の」慣習の多くは依然として容認されており、ローマ社会におけるこの新しい時代に順応するよう適合させられさえしたことを私たちは知ることができます。その結果、クリスマスの日は 12 月 25 日に多くの人が祝う人気のある休日になりました。12 月 25 日は、冬至に十分近く、ローマ人が農神祭と呼んで一年の一番短い日として祝っていた日でした。したがって、贈り物を交換したり、家を常緑植物で飾ったりするというローマ人の伝統は、その後何世紀にもわたって続きました。そのため、実際にイエス＝キリストが 12 月 25 日に生まれたのかどうかに関しては明らかな答えはありませんが、彼は異なる日に生まれたように思われます。

第 3 段落

　イギリスからやって来た多くの清教徒のキリスト教徒は 17 世紀に北米に入植地を建設し、クリスマスをお祝いすることを控えました。なぜなら彼らはキリストの誕生日を記念して贈り物を交換すべきであると信じなかったからです。ニューアムステルダム（現在のニューヨーク）を建設したオランダ人入植者は聖ニコラスの話を持ち込みました。オランダ語では、贈り物を与えるこの寛大な聖人の名前は「シンタクラース」と発音され、それを英語圏の入植者が後に借用して「サンタクロース」と発音しました。時間が経つにつれてこの発音がはるかに人気になり、時間を超えてこの伝説上の人物は永遠にクリスマスと関連づけられるでしょう。

第 4 段落

　しかし、北米のイギリス領植民地に入植した非常に多くの清教徒がいたことを考え、人はどのようにしてクリスマスがアメリカで国民の休日になったのかを不思議に思うでしょう。実際に、1776 年にアメリカが独立国になった後で長年にわたり、クリスマスはイギリス人によって祝われる休日とみなされました。それゆえ多くのアメリカ人は、ユリシーズ・S・グラント大統領が 1870 年にクリスマスをワシントンで働く連邦職員のために休日にする法案に署名した時まで、この日を公的にお祝いすることを避けていました。1968 年に全米のすべての連邦職員のためにクリスマスを国民の休日にする公法が可決されました。その時以降、クリスマスは公的にお祝いされる休日であり、多くのお店は、宗教に関わらず従業員全員に一日の休日を与えるために、その日はお店を閉めます。

第 5 段落

　クリスマスまでの日には、多くの家族が居間に置き装飾品で飾る「クリスマスツリー」を手に入れます。さらに、アメリカでクリスマスをお祝いする多くの人々は、クリスマスカードか、より宗教色の薄

いグリーティングカードを友人や親戚に送り、彼らの「素晴らしい休暇」や実り多き新年をお祈りします。アメリカの子供に関する限り、サンタクロースの話ははっきりと聖ニコラスの話のアメリカ版になってしまいましたが、依然として多くの子供がサンタクロースの話を信じています。たとえば、聖ニコラスが何世紀も前に現在のトルコに住んでいたことが知られていた一方、アメリカ人の子供は、サンタクロースが今も妻と一緒に北極に住んでおり、彼には贈り物を作りクリスマスの日にそれらを世界中の子供に送り届けるための多くの妖精やトナカイがいると今でも信じています。アメリカの多くの子供はクリスマスの日にサンタクロースからもらいたい贈り物の一覧を今でも用意し、多くの両親は、その機会を利用し、クリスマスの贈り物をもらうには一年中善良であるよう子供たちに思い出させます。クリスマスイブには、サンタクロースを信じる子供は、キャンディ棒やチョコレートといった小さい贈り物で一杯にしたい靴下をぶら下げ、（たいてい煙突を通って）サンタクロースが家に来た時のために牛乳とクッキーを用意しておきます。これらの家庭では、子供たちはサンタクロースが彼らのために小さな贈り物を煙突にかけられた靴下の中に、大きな贈り物をクリスマスツリーの下に置いていったのを見つけて興奮します。これらの「サンタクロースからの贈り物」は、親戚や友人が残していく他の贈り物とともにたいてい発見されます。

第6段落

　しかし、宗教的または個人的な理由で、クリスマスの日はお祝いせずにそれでも仕事の休暇を満喫する多くのアメリカ人がいます。クリスマスは、毎年同じ日に実際にお祝いされるわずか4日間のアメリカの休日の1つです。ほとんどのアメリカの家庭では、クリスマスの日は、家族と友人が再会し、贈り物を交換したり、クリスマスの歌を聴いたり、七面鳥、ハム、パイを含む伝統的なクリスマス料理を楽しみます。キリスト教を信仰していようがいまいが、イエス＝キリストの生誕日が12月25日であると考えていようがいまいが、サンタクロースの話を信じていようがいまいが、クリスマスの日は間違いなく冬季を示す記念すべき機会です。

■ 次の重要単語の意味を書いて下さい。

(1) birthdate　　　　　　（　　生年月日・誕生日　　）
(2) viewpoint　　　　　　（　　観点・見解　　　　　）
(3) inform　　　　　　　（　　知らせる　　　　　　）
(4) tolerate　　　　　　（　　許容する　　　　　　）
(5) legendary　　　　　　（　　伝説上の　　　　　　）
(6) employee　　　　　　（　　従業員・職員　　　　）
(7) prosperous　　　　　（　　繁栄した　　　　　　）
(8) distinctly　　　　　（　　明白に　　　　　　　）
(9) opportunity　　　　　（　　機会　　　　　　　　）
(10) reunite　　　　　　（　　再会する　　　　　　）

■ 次の重要用語の意味とその内容を書いて下さい。

Constantine 　　日　本　語　訳　（　　　　　　コンスタンティヌス　　　　　　）

　　　　　　　　簡単な説明　　（　西暦4世紀にキリスト教に改宗したローマ皇帝　）

　　　　　　　　　　　　　　　　　　　　　　　　　※第2段落の2文目に注目しましょう。

New Amsterdam　日　本　語　訳　（　　　　　　ニューアムステルダム　　　　　　）

　　　　　　　　簡単な説明　　（現在のニューヨークにあたる、オランダ人の入植地）

　　　　　　　　　　　　　　　　　　　　　　　　　※第3段落の2文目に注目しましょう。

■ 次の英文を下線部に注意をして日本語に訳して下さい。

(1) As a result, Christmas Day became a popular holiday that many celebrated on December 25th.

その結果、クリスマスの日は12月25日に多くの人が祝う人気のある休日になりました。

※第2段落の5文目を参照しましょう。本文では下線部thatが省略されていますが、thatは関係代名詞で、先行詞はholidayになります。

(2) Accordingly, the Roman tradition of exchanging gifts and decorating houses with evergreen carried on over the many centuries to follow.

したがって、贈り物を交換したり、家を常緑植物で飾ったりするというローマ人の伝統は、その後何世紀にもわたって続きました。

※第2段落の最後から2文目を参照しましょう。下線部のtoは不定詞の形容詞的用法で、centuries to followは「続くべき世紀」が直訳ですが、「その後の世紀」と訳します。

(3) Many Americans had shied away from publicly celebrating this day until 1870.

多くのアメリカ人は1870年までこの日を公的にお祝いすることを避けていました。

　　　　　　　　※第4段落の2文目を参照しましょう。下線部は過去完了形の継続の意味です。

(4) In 1968, a public law was passed making Christmas a national holiday for all federal employees nationwide.

1968年に全米のすべての連邦職員のためにクリスマスを国民の休日にする公法が可決されました。

　　　　　　　　※第4段落の最後から2文目を参照しましょう。下線部は受動態の過去形です。

■ エッセイの内容に関して、以下の設問に答えて下さい。

(1) 第1段落　多くのキリスト教徒は12月25日をどのような日としてお祝いしていましたか。

イエス＝キリストが生まれた日。

　　　　　　　　　　　　　　　　　　　　　※第1段落の2文目に注目しましょう。

(2) 第2段落　ローマ帝国でクリスマスがお祝いされる前には12月25日はどのような日でしたか。
ローマ人が農神祭と呼んで一年の一番短い日としてお祝いしていました。

※第2段落の最後から3文目に注目しましょう。

(3) 第3段落　ニューアムステルダムを建設したオランダ人は何を持ち込みましたか。
聖ニコラスの話。

※第3段落の2文目に注目しましょう。

(4) 第4段落　1870年まで多くのアメリカ人が公的にクリスマスをお祝いするのを避けていたのはなぜですか。
クリスマスがイギリスによってお祝いされる休日とみなされていましたから。

※第4段落の2文目に注目しましょう。

(5) 第5段落　聖ニコラスは何世紀も昔に現在のどこに住んでいましたか。
トルコ。

※第5段落の4文目に注目しましょう。

(6) 第6段落　アメリカのほとんどの家庭ではクリスマスの日に何をしますか。
家族と友人が再会し、贈り物を交換したり、クリスマスの歌を聴いたり、七面鳥・ハム・パイを含む伝統的なクリスマス料理を楽しみます。

※第6段落の最後から2文目を参照しましょう。

■ 次の日本文を英語に訳して下さい。

(1) 私たちは12月25日がイエス＝キリストの実際の誕生日であると確実に知ることができるでしょうか。

　　　　　確実に　for certain　　実際の actual　　イエス＝キリスト　Jesus Christ

Do we know for certain that December 25th was the actual birthdate of Jesus Christ?

※第1段落の3文目を参照しましょう。

(2) 実際にイエス＝キリストが12月25日に生まれたのかどうかに関しては明らかな答えはありません。
　　　　　～かどうかに関して　as to whether or not ～

As to whether or not Jesus Christ was actually born on December 25th, there is no clear answer.

※第2段落の最後の文を参照しましょう。

(3) 多くの家族が居間に置き装飾品で飾るクリスマスツリーを手に入れます。

   居間　living room 装飾品　ornaments 飾る　decorate

Many families get a Christmas tree which they will place in their living rooms and decorate with ornaments.

※第5段落の1文目を参照しましょう。

(4) しかし、宗教的または個人的な理由で、クリスマスの日をお祝いしない多くのアメリカ人がいます。

   お祝いする　observe AまたはB　either A or B

However, there are many Americans who do not observe Christmas Day — either for religious or personal reasons.

※第6段落の1文目を参照しましょう。

あとがき

　本書は英語の授業の教科書としてだけではなく、自習書としても使うことができるように詳しい解答・解説を「解答・日本語訳」として、後半につけています。また、基礎力を確実なものにするだけではなく、応用もできるようにしながら、上級の学習者にも十分対応できるように工夫がなされています。15週間地道に学習すれば、アメリカの主要な祝日に関する知識を得るとともに英語力も向上しているはずです。学習者のみなさんの感想を待っています。ブルックス先生がすべての章の英文エッセイをお書きくださり、伊藤先生がすべての章の作問と和訳をしてくださり、杉田が全体の編集を行いました。

　なお、本書の企画・刊行にあたっては、アメリカ大使館文化交流部から助成金をいただきました。感謝申し上げます。また、この本の出版の機会を与えてくださいました（株）大学教育出版の佐藤守社長およびいつも的確な編集作業をして下さる編集部安田愛様に御礼申し上げます。

* The planning and publication of this book was generously supported by a U.S. Department of State Federal Assistance Award （#S-JA800-14-GR-017）. We are grateful to the Cultural and Programming Office of the Public Affairs Section at the U.S. Embassy in Tokyo, Japan for its administration of this award.

平成 26 年 9 月吉日
September 2014

編者・杉田米行

執筆者紹介

著 者

M. Scott Brooks （M. スコット・ブルックス）

鳥取大学教育センター外国語部門非常勤講師。米国サンフランシスコ大学で学士号（政治学）と修士号（アジア太平洋研究）を取得。オーストラリアのマッコーリー大学において外国語としての英語教育（EFL）の研究を行った。現在の研究テーマは日米関係論、シミュレーションベースの学習論、コンテンツベースの EFL 教育。

M. Scott Brooks is Adjunct Lecturer in the Department of Foreign Language Education at Tottori University. He received both his B.A. in Politics and his M.A. in Asia Pacific Studies from the University of San Francisco. He has also done postgraduate research in linguistics at Macquarie University, focusing on English as a Foreign Language （EFL） education and communicative competence theory. His current research interests include U.S.-Japan relations and policy issues, simulation-based learning, and content-based instruction in EFL education.

伊藤孝治 （いとう こうじ）

大阪大学大学院言語文化研究科言語社会専攻博士後期課程 3 年。主な著作に、「国威の代償 ― 世紀転換期のハワイをめぐる日米対立の一解釈」『アメリカ研究』第 46 号（2012 年 3 月）、33 50 頁；"Politics in the Dark: An Interpretation of Japan-U.S. War Crisis over Hawaii in 1897," 『同志社アメリカ研究別冊』第 20 号（2013 年 4 月）、53-72 頁；"Manifest Destiny," p. 455, Steven L. Danver ed., *Encyclopedia of Politics of the American West*（Washington, D.C.: CQ Press, 2013）.

編 者

杉田米行 （すぎた よねゆき）

大阪大学言語文化研究科教授。主な著書に、山西敏博・杉田米行著『15 週間で英語力倍増』（大学教育出版、2014 年）；杉田米行著『ハローキティと楽しく学ぶ英検 4 級』（実業之日本社、2013 年）；杉田米行著『ハローキティと楽しく学ぶ英検 3 級』（実業之日本社、2013 年）；杉田米行編著『図解入門ビジネス英文ビジネス E メールの鉄則と極意（最新改訂版）』（秀和システム、2007 年）等。

語学シリーズ第 2 巻
アメリカ合衆国の連邦休日を英語で学ぼう
An Introduction to the Federal Holidays of the United States of America

2014 年 10 月 10 日　初版第 1 刷発行

- ■著　　者 ── M. Scott Brooks・伊藤孝治
- ■編　　者 ── 杉田米行
- ■発 行 者 ── 佐藤　守
- ■発 行 所 ── 株式会社 大学教育出版
　　　　　　　〒 700-0953　岡山市南区西市 855-4
　　　　　　　電話（086）244-1268　FAX（086）246-0294
- ■印刷製本 ── サンコー印刷㈱

© Yoneyuki Sugita 2014, Printed in Japan
検印省略　　落丁・乱丁本はお取り替えいたします。
本書のコピー・スキャン・デジタル化等の無断複製は著作権法上での例外を除き禁じられています。
本書を代行業者等の第三者に依頼してスキャンやデジタル化することは、たとえ個人や家庭内での利用でも著作権法違反です。
ISBN978 − 4 − 86429 − 291 − 7